關係破繭

走過愛情、親情、人際的關卡，
綻放生命的新綠

楊晴翔 律師——著

【推薦序】

陪伴你我走過生命中的每道關卡

尤美女（立法委員）

推動性別平權運動三十年，我由性別盲覺醒，看見每個悲傷案件背後，千百個不平等悲劇的縮影，是父權文化、法律制度對女性朋友、同志族群的壓迫。

所以，我一路推動了性別工作平等法、民法親屬篇修正、性侵害犯罪防治法、家庭暴力防治法、性別平等教育法、同性婚姻法案。期待透過立法以及法案推動過程中與大眾的對話，讓社會逐漸接受平等與權利保障的觀念。

但徒法不足以自行、移風易俗亦非一朝一夕，法律上平等了，不等於現實生活中就萬事太平，從每日社會新聞當中，仍可發現父權與傳統觀念持續在私領域中作用與發酵。如何在日常生活中辨識壓迫、化解衝突、實踐平等，除了知識，更需要溫柔與智慧的策略方法。

協助無數婦女走過離婚官司，感觸最深的是：對於夫妻間的紛爭，法律所能解決的終究有限，只是終止雙方在法律上的關係而已。而在婚姻中，夫妻因爲對彼此期待不同、相處上摩擦所生不甘與失落的情緒，並不會因離婚而煙消雲散。沒有妥善處理，即使法律關係終止，仍會不斷引發新的衝突與訴訟（例如：不願給付扶養費、不願讓子女與對方會面交往、聲請改定親權等），持續累積雙方的怨忿與不滿。

要擺脫上述的惡性循環，唯有找到自我、看清楚自己在關係中的定位，重新調整關係經營的重心與目標。這也是為何，擔任家事律師期間，我始終認為需要從女性主義的角度出發，培力婦女的主體性，重視溝通與調解，協助婦女長出正確看待關係與調整關係的能力。

《關係破繭》以親子關係、婚姻關係、人際關係等不同人生階段所面臨的生命關卡為主軸，楊律師將承辦家事事件的豐富經驗、感觸轉化為淺顯易懂、深入人心的故事，犀利地刻畫出父權文化、刻板印象如何影響了人們對婚姻家庭的期待、實踐與衝突。每段生命故事之末輔以法律分析、實務見解、跨學科知識，以及關係經營的撇步與處世哲學，引導讀者思考問題、面對問題、解決問題。

閱讀本書，無論是尋求指引還是回味人生，他會是我們的友人、導師、律師，陪伴著我們走過生命中的每道關卡。

【推薦序】

時間會給你答案

林秋芬（社團法人花蓮縣兒童暨家庭關懷協會秘書長
資深諮商心理師）

在家事紛爭領域工作十多年的我，協助過無數高衝突、離異的父母及孩子，見父母處於關係聚散離合所帶來的失落、憤怒、不甘願等龐雜、自己都理不清的情緒中，這些累積成內在破壞性力量，有時更隱微牽動著父母於婚姻、親權、子女會面的協商。

專業資源如何幫助父母能稍停下來、喘口氣看看自己怎麼了，是需要時間、心理成本的投入，需要各方條件的促成，短時間內讓父母稍微恢復一下能力，低下頭來看看身邊的孩子，也是我們在這極具挑戰性的工作中努力嘗試各種介入。

我們總想如何鬆動固著的父母、期盼父母於必須分離時，能以孩子的利益為考量，很開心楊律師出了第二本著作《關係破繭》，一個個細膩好讀的小故事、加上故事一開始有頗具哲理的金句，最後每個故事都有「關係解憂相談室」，這部分可是含金量高的重重專業法律觀點，且淺顯易讀。

我很榮幸能搶先閱讀，當我閱讀第一個故事時極為驚喜，並迫不及待分享給我的團隊夥伴關於我讀到的故事，這些彷彿在我們工作現場日日上演的家庭劇碼，故事並不是停留在父母衝突的當下，而是把時間拉長，從成年孩子的眼光去看當年父母於司法訴訟期間，父母的決定、孩子的被迫捲入，而後續在孩子生命經驗中，這些平行關係如何再複製他的父母關係、親子關係、自己的伴侶關係。

我佩服楊律師於法律專業之外，竟可以跨界結合屬於我個人專業的心理學理論與分析，讓讀者洞悉關係動力、兒少心理，我想拉長孩子生命的維度去回看的敘事，也許讓爭執中的父母能省思當下的作為。如楊律師所說，父母一方放大與固守保護孩子執念、阻斷雙方溝通的可能、斷了孩子與一方父母的關係維繫，這些衝突下堆疊的訴訟案件，只有不斷撕裂各種關係。

有些孩子感受父母的不幸福，是自己造成的災難；有些孩子需要用自大，來掩蓋那個自責；有些孩子這一生需要耗好大的能量來證明：我是重要的、我是值得的。而這些內在自我脆弱、在關係遇到困境的成年孩子，就常出現在我的婚姻諮詢門診。同樣地，內在的修復需要耗費很多精力，期盼孩子終將能學會對自我慈悲、讓複製停止於這一代。所以，我時常告訴這些高衝突父母，你們的矛盾、不一致、怨恨等，會在孩子身上體現，也許不是現在。

第二篇章談婚姻關係，很適合陷於各種親密關係困境中的伴侶，閱讀者可以在他人的故事中映照自己、找到方法，婚姻關係的經營從來就不是一件容易的事，有了孩子之後，更需要面對個人內在的擾動、關係、需求的變化，需要夫妻能在顛簸中攜手，這本書也有一些簡易指引。第三章談職場、校園霸凌、恐怖情人等各種議題，並結合法律面解析。

佩服楊律師產出這樣具廣度與深度的一本書，我讀完以後，深刻覺得這本書除了是家事法庭的伊索寓言、心靈雞湯，還附了湯杓給閱讀者，具有很高實用價值。不只適合普羅大眾、法院的家事當事人，我更推薦給所有辦理家事的律師、家事調解委員、協助高衝突離異家庭的助人工作者，相信每位閱讀者能從不同的視角，帶走你想要的。

【推薦序】

成家立業「靠關係」

鄧學仁（中央警察大學法律系教授
台灣家事法學會理事長）

有聽過這則笑話嗎？

在職場要成功必須具備「三拍原則」：對長官，拍馬屁；對同事，拍胸脯；對部屬，拍桌子。

這中間的關鍵就是對上、對同儕以及對下的人際關係，「三拍原則」雖屬笑話，未必會成功，但人際關係處理好，至少不會到處碰壁。

本書就是探討如何建構良好人際關係之作。最讓我印象深刻的是，依據研究顯示，孩子從國三到高三負面情緒的比較，最差的是「父母感情不好，但已離婚」，這種狀況通常我們可以理解，但令我們始料未及的是，「父母感情不好，但已離婚」的子女，居然比「父母感情好，未離婚」的子女負面情緒還低，顯然父母離婚對子女未必有不良的影響，光是這段的敘述，就讓人想閱讀本書。

本書的特色有三：故事性、專業性與實用性。

首先，就故事性而言。本書各篇均以一則故事開頭，故事的鋪陳引人入勝，擺脫說教式或教科書的方式，很容易吸引讀者興趣。例如：「當女兒步入禮堂或生兒育女時，誰要牽著她，走向紅毯的另一端，誰要爲在產房的辛勞與淚水共同歡呼，並給予溫暖的擁抱。」讓陷於離婚風暴的父母重新恢復理智，不要因爲離婚官司的相互攻擊而傷害子女。而對於母親的消極離間，母親隔著鐵門對小孩說：「想不想去見爸爸你自己跟他說。」如此鮮活的畫面，讓讀者亟欲瞭解故事的後續發展。

就專業性而言，本書指出「母親爲阻止父親與子女接觸而提出性侵與保護令的告訴，父親只好選擇建立另一個家庭」「沒有過夜的會面交往，等於沒有會面交往」「興師問罪往往換來防衛與反駁，但不能眞正讓我們贏」「婚姻的贏家是讓彼此互相成爲對方願意追隨的人，而非贏在口頭上顏面上的勝利」都是人際關係很重要的哲理。甚至針對親子關係之描述，父親對女兒日後建立親密關係的影響，比母親更加深遠，透過父親的建議，更容易與男性伴侶維持關係等，藉由本書專業的說明，可以瞭解如何處理人際關係。

就實用性而言，在每篇故事的最後，都有「關係解憂相談室」的單元，其中提到藉由保護令或是刑事告訴，妨害父親探視子女之問題、離間子女的行爲在國外已成爲刑法可以處罰的對象、得否強制命令進行ＤＮＡ親子關係鑑定之問題、境外通姦罪台灣法院是否有審判權之問題、遭受冷暴力得否提起離婚之問題。此外，有關校園與職場之霸凌如何申訴，遭受霸凌者如何主張權利等，本書提醒大家面對問題時如何因應。

本書內容包含成家的婚姻與親子關係，以及立業的職場與性別關係，三篇前後呼應，成爲成家立業的最佳指南。成家立業要靠好關係，如何在成家立業的過程中處理好人際關係，是本書要告訴讀者的主要內容，推薦大家一睹爲快！

【推薦語】

晴翔律師透過溫暖細膩的故事，搭配清晰易懂的法條說明，幫助讀者消除對訴訟的陌生與憂慮；同時也指出一條走出痛苦煎熬關係的捷徑。

黃柏嘉（諮商心理師）

【推薦語】

一篇又一篇的生命故事，心碎、眞實卻映照出扭轉的希望。若我們能從別人的故事中看見自己，就有機會避開人生的地雷。謝謝楊律師用如此細膩的文筆，梳理關係與法律的交疊之處，讓我們能夠回望人性的光輝。

楊雅晴（作家）

目錄

第3部分

人際關係

最可怕的不是明白的仇視，而是有意的排擠與忽視

【作者序】

破繭而出的養分與勇氣

距離我的第一本書《家事法官沒告訴你的事》的出版已經兩年半，本來沒有想過還會再寫第二本書。

回想當初寫書的起心動念，是我迫切地想把幾年來從承辦家事事件實務經驗中，所醞釀的想法與一些該被破除的迷思，傳達給社會大眾，也對於家事法中各個環節做一層初步的介紹。

出版後這兩年，收到了不少讀者給我回饋，有些是拿了書皮早已翻破、裡面畫了很多螢光筆的書來找我諮詢，說：「律師，你的書我早已整本讀完，裡面的案例跟我的情況好像，讓我有了不少思考方向……」有些則是在我的Facebook專頁上，私訊告訴我：「這本書帶給我很多鼓勵，讓我在自己的案件，看到曙光，能走下去，希望你能繼續寫下去。」

這些迴響，在某些我因爲辦案深有感觸的夜裡，像緩緩打上沙灘的浪潮般，一再對我提問：「既然上一本書有幫助到一些人，那再寫的話，還能夠寫什麼？」雖不想老調重彈，但總希望能給更多人帶來正面影響。

這些日子，我繼續做著我的律師業務，也固定在法院當家事專門調解委員，我發現，不少人的婚姻、親子、親屬間的關係緊繃乃至破裂，都是從很微小的地方慢慢僵化、崩解，大部分人溝通的能力，隨著關係的加深卻開始劣化，有些人是對於危機毫無察覺，裂口最終無法縫補，只能走入法院；另外一群人則是在法庭裡用盡全力求取一時的勝負，卻不看長遠，不思考這輩子仍須相見的關係。這些親近關係的惡化，就像緊縛的繭一般，深深羈絆住他們的人生，難以再往前一步。

我偶爾也接到朋友詢問在職場被霸凌的處理，或是孩子在學校裡遭到霸凌的諮詢，其實這些衝突都有一些共同點：在群體中，委曲求全、難以求援，法律只能做爲最後一道防線，但往往爲時已晚，且無能爲力。

從更廣的角度觀察人際關係，近年來同婚立法、性別平權及性別歧視的議題，與校園霸凌的發生息息相關，同樣是少數人因爲不能被非難的理由遭到壓抑的情形。

我曾協助被冤枉的當事人逆轉得到無罪判決，深感法律人最珍貴的片刻不過如此，如果我們能立志於冤罪平反，那麼減少霸凌，並協助弱勢少數獲得平等的自由、尊重及權利，也是理所當然。

本書的問世，特別要感謝尤美女委員在性別平權議題上，堅定不懈地努力，給了我很多啓發，鄧學仁老師則對本書內容提供了很多中肯建議，謝謝您們慷慨賜序。感謝林秋芬老師，她從第一線協助法院處理過許多高衝突家庭的諮商心理師角度，爲本書撰寫一篇感心的推薦序。

也要謝謝黃柏嘉諮商心理師，聽過他的演講，對我寫這本書的很多想法理念有很大的啓發。

由衷謝謝恩師李茂生教授、周慕姿諮商心理師、楊雅晴小姐對本書的推薦。

更謝謝我的家人、好友一直給我支持與鼓勵。

也因此，我眞心希望本書能讓在各種關係衝突中糾結的人，找到一些逐漸修補關係的能量，成爲明日破繭而出的養分與勇氣。

第1部分

親子關係

把時間的維度拉長看，別只求一時的勝負

相信很多人會有相同的感觸，人在生兒育女之後，對於人間各種關係的看法會有不同的領悟或體會。尤其在三十到五十歲之間，同時身為人子、人父或人母，會明瞭一件事：親子關係，不會恆久不變。

那個曾經任由你怎麼安排、怎麼打扮、怎麼循循善誘就會達成你期望的孩子，會一天一天地長大，成爲一個有獨立思考能力的個體；不再是以前那個調皮、搗蛋，但有時又可愛、窩心的小寶貝。

隨著青春痘萌發、漸漸抽高的身材，反而會跟你要求自己的時間、房間，嚮往建立他的同儕關係，你不再是他傾訴一切的第一對象；甚至，偶爾會用小小的作對、反抗，向你彰顯他的獨立性或存在感。

如果，現在的關係讓孩子覺得不圓滿時，他會想要去挖掘歷史起因；也會去檢討或質疑你過去幫他做的決定，是否妥當。甚至，還會怪罪你讓他選擇了一條難走的路。我們時常面對孩子成長過程的質疑，會感到難以招架，更可能自責自己是否沒能做出更好的決定。

在孩子還小的時候，陷入了關係的僵局、破裂，夫妻兩人在爭取的過程中，自認幫孩子做了最好的決定，無論是基於保護他、拉攏他，或只是情緒——爲了打擊另一方。

當時就結果論而言，表面上我們好似贏了；但是，親子關係是一輩子的，把時間的維度拉長來看，添加「孩子長大以後，怎麼看自己」這個變數，才會發現，原來當時的「勝與負」，往往在多年後結成不同的因果。

回想起來，當時的爭與不爭，其實是需要智慧與洞見的抉擇。

成全

”

在關係的泥淖中，相互拉扯，
願意第一個放手的，不是認輸，
反而是因為看到黑暗盡頭的光亮，
選擇放下，為了彼此更好的明天。

“

晚上八點，忙完公司「大事」的宥恩下班回到家，妻子端出一道道熱騰騰的飯菜。

「辛苦了，忙到這麼晚。孩子都已經吃了，剩下的我加熱過了，都是留給你吃的。」

「這陣子也辛苦妳了，公司忙著IPO最重大的一步，最近每天跟律師、會計師，還有財務部門開會，今天看了評估報告，預計下週的募資結果很樂觀，心裡終於放下一塊大石頭了。」宥恩回道。

「我說，『徐董事長』，『您』的夢想終於成眞了，『您』應該是家族中第一個在商業上取得這麼大成功的人吧？」妻子笑著說。

「不，我妹也很優秀啊，她在美國拿了企管碩士，又考過CPA，還拿了美國會計師執照。」宥恩深感驕傲地說。

「眞的，從任何標準來看，你們兩兄妹都很傑出呢。雖然小時候面臨父母離異，一般人多半認爲離婚家庭的孩子，對未來會比較徬徨，可是，你跟你妹做任何事好像都胸有成竹，照著計畫一步一步走呢。」妻子接著說，「而且你媽還要身兼父職，對你們應該花了比別人更多的心力栽培吧？」

宥恩聽到妻子這麼說，放下碗筷，抬起頭回答：「其實，親戚們都以為，我媽跟我爸離婚後，我們都靠我媽一手帶大，把我們兩兄妹培養得品學兼優，還出國留學。認為取得現在的成就，完全都是我媽的功勞。」

「媽的功勞當然很大。只是憑良心講，這其中還有一位幕後英雄，我們卻沒有給他應有的評價。」宥恩繼續說。

「喔？幕後英雄？」妻子疑惑問。

「這要先從另外一件事說起了。前陣子我有一個部屬要打繼承官司，想找一位專攻家事的律師，我就去問媽有沒有可以推薦的人選，後來媽介紹了當年幫她處理離婚案子的那位林律師。我突然想藉此機會拜訪一下林律師，畢竟當年國中見過他一次，也就跟著同事一起去了趟律師事務所。」

「在我同事談完事情後，林律師單獨留我下來，說有些往事可以跟我聊聊。現在的他已經是一位六十歲、快要退休的律師了。」

—

林律師打開話匣子：「沒想到你已經這麼大了，還這麼有成就，當年第一次見到你時，還只是個國中生呢。」

「當年，你的父親因爲你母親沒有辦法妥協公婆家族裡的某些觀念，而提起離婚訴訟。又因爲他將所有薪資都交給你母親管理，婚後也買了一間房子，登記在你母親名下，使得你母親名下的資產較多，於是你父親提出了剩餘財產分配的請求，並且也極力爭取孩子的監護權。」

「我還記得，你母親也覺得跟婆婆處不來，基本上對於離婚這件事並沒有異議。只是，她也希望能取得你們的監護權，又希望將剩餘財產分配的負擔降到最低。」

「調解時，兩邊僵持不下，你父親沒有辦法具體舉出你母親的財產有多少，也說不清楚到底要請求多少剩餘財產分配。另外，孩子的監護權，雙方也各執一詞，都認爲孩子跟著自己會有比較好的照顧。進行了三次調解，都沒辦法獲得共識。」宥恩聚精會神聽著林律師娓娓道出當年的往事，這也是他第一次知道當時父母親離婚訴訟的細節。

「本來我以爲就這樣要結束調解，讓法官進行眞正的審理程序了。結果啊，調解的法官說希望能再開一次調解庭，讓孩子們親自到法院來，聽聽你們對於父母親離婚的意見。這是法官的要求，我們沒有任何可以拒絕的理由，當然也希望由你們親自跟法官說，尤其是你妹妹當時比較希望跟著媽媽，這對我們也是有利的。」林律師說。

「去法院那件事，我還有些印象，記得那天剛好考完月考，下午還跟學校請了假，就去法院了。」宥恩說。

「你對法院有什麼印象？」林律師問道。

「還沒去之前，以爲法院就像電影演的那樣：法官很有威嚴地坐在很遠的高台上，而我會隔著柵欄跟法官說話。沒想到只是去一個像會議室的房間裡，我記得那時法官要爸媽還有律師都到房間外面等，剩下我和妹妹，跟法官還有一位阿姨，應該是調解委員吧，這些人在場而已。」宥恩回憶道。

「那你還記得法官問你們什麼，你又說了些什麼嗎？」

「好像有問到爸爸媽媽離婚了，我們有什麼想法，我回答：『我沒辦法說什麼，他們吵架吵得兇，也讓我們不好受，但我已經夠大了，如果他們想分開住，我沒有差。』」

「還有嗎？」林律師問。

「我還記得那時法官跟我們聊一些很簡單的問答，像是我們幾年級了？喜歡什麼科目？有沒有補習呢？未來升學的目標是哪裡？我記得我妹說她還是想要住在原來的房子，因為同學都住附近，希望能跟同學一起上學、補習。我應該是說跟爸爸媽媽住都可以，只要能讓我專心準備接下來的考試就好。」

林律師笑著說：「當年你們跟法官談話之後，這件案子就出現意想不到的轉折。」

「法官讓你們兄妹離開調解室之後，就換你爸媽進去房間。法官對他們說了孩子們對於離婚的想法，提到你們兄妹倆的小小心願，是希望能夠繼續在原本的環境完成學業，不希望有轉學的變動，不知道父母雙方能否成全孩子這個心願？」

「你的父親聽完之後，沉思了一、兩分鐘說：『這樣啊，那我知道了。』他表示自己會搬回老家，就讓孩子繼續住在原來房子，也就代表媽媽能單獨監護。此外，他也放棄所有的剩餘財產分配，他說：『雖然我沒有辦法跟她生活下去，但我相信她做為母親會好好照顧孩子。扶養費的部分，我就不負擔了，除非有特別需求，再來找我。若孩子未來有深造的機會，我絕對不會吝於付出。』」

「法官與調解委員都稱讚你父親明理、又懂得成全子女，做出這麼大的退讓。而你母親一方面有點訝異，當然也是帶著感謝的心情同意，很快就簽了調解成立的筆錄，確定由你母親單獨擔任親權人。」

林律師描述起這一幕，彷彿像是昨天的事。

「原來如此啊，這一段我們沒有聽到，只記得法官後來再叫我們進去，就是講調解後的結論了。」宥恩在那遙遠的記憶中，挖掘著。

「對，調解委員請你們進去，我記得她的第一句話是笑著問你們：『孩子們，猜猜你們的心願達成了嗎？』而你們愣在那邊傻傻地點頭說：『有嗎？有吧。』委員就說：『你們的爸爸媽媽很棒，很了不起，他們都聽到你們的心聲了，也一起幫你們把心願達成。所以，不論爸爸媽媽以後有沒有住在一起，你們都可以繼續住在原來的地方，不用搬家也不用轉學了。回去要好好感謝爸爸媽媽，有空時，也要記得多回去看看阿嬤喔。』」

妻子聽了宥恩的轉述後，紅了眼眶：「從來沒有聽你說過這麼多你爸的事情。」

「我對我爸的印象多半停留在高中前。高中時，大概每一、兩個月會去阿嬤家一趟。我爸是一個沉默寡言的人，去那邊一整天，話聊不到半句，要不就是一起看看球賽、看看電視，然後吃個晚飯，就離開了。大學以後，我到外地唸書，只剩下逢年過節會回去阿嬤家。」

宥恩接著說：「對於那天調解的過程，小時候固然有微薄印象，但沒有太大的體悟。只是我現在四十歲，也爲人父了，再從林律師那邊還原那段往事，對照我現在的成就，才有一份扎實感，原來，我們的『得』，是來自於父親的『捨』。甚至，連他孑然一身走時，因爲沒有太多花費的習慣，留下了很多遺產給我們，我這才有第一筆足夠的創業基金。」

「今年清明節呢？你妹要回來嗎？」妻子問。

「我會打電話跟她說的，我們應該一起去爸爸的墓前，好好地再跟他說一聲謝謝。謝謝他所做的一切，謝謝爸爸的成全。」

有人說：「結緣容易，離緣難。」當兩夫妻想要離婚，哪怕是揮揮衣袖，不帶走一片雲彩都好，但是什麼讓兩人分不開？

孩子的親權是首要糾結點

一般來說，離婚最大的糾結通常是因爲孩子，因爲孩子是兩人心頭的一塊肉。當我們無法協調出孩子的親權人（也就一般常見理解的「監護權」）該由何方來擔任時，就只能上法院請法官評理了。

法律規定，這樣的離婚加上親權案件，在法官決定之前，都必須要經過調解。調解是在法院的調解室進行，一定會有調解委員協助雙方達成共識，有時候，法官也會加入調解，協助雙方提出方案來解決糾紛。

調解次數取決於雙方共識

調解會調幾次呢？其實不一定，一般來說，有離婚附帶親權酌定的案件，一次調不成，許多法院不會馬上認爲是無法成立，還是會邀請雙方再改期續行調解。如果以法院辦案期限來說，調解程序所給的期限是四個月，一個月調解一次的話，最多可能有四次的調解機會，但是，還是要取決於雙方有沒有一步步靠近的方案、有沒有意願繼續調解。

裁判費用的繳納規定

繳交給法院的裁判費用，通常一個離婚案件所要繳交的裁判費是新台幣三千元，親權的部分則是收取一千元，離婚加上親權的案件總共是四千元。如果雙方有幸能調解成立，就可以將繳納的裁判費用向法院申請退還三分之二。

我是為妳好

以愛為名，
幫孩子築起一個無垢的結界，
緊緊保護他。
等他長大，真的會懂得
父母的用心並且心存感激嗎？

晚上七點多，瓊華一個人在客廳裡焦慮地來回踱步，嘴裡喃喃唸著：「到底在搞什麼？是跑到哪兒了呢？」

這種事從來沒有發生過，自己的女兒若彤怎麼會莫名其妙連續兩天都不回家呢？想得到的電話都打過了，包括：女兒的手機、系上的電話、女兒男友的家裡電話、閨密的電話、打工的補習班電話……大家都說跟平時的互動沒什麼兩樣，卻沒有任何人知道她現在正在哪裡。

都二十一歲了，女兒在成長過程中，從來沒有什麼脫序的行爲啊？

上週末，母女倆還好端端地一起去逛南京西路那間新開的書店，晚飯後女兒還準備了爆米花，一起熬夜看完Netflix的影集《黑鏡》第十季，劇情比較緊張時，若彤還會趴到瓊華的身後，就像她小時候看恐怖電影一樣。一切都安然無事，怎麼會在這週一出門上課後，就再也沒有回家了？眼看週二馬上就要過了，女兒也不曾不事先報備，就去朋友家過夜啊。

瓊華想起自己做爲一個單親母親，一路拉拔女兒長大，幸好若彤聰明伶俐，課業上從不讓她擔心，也沒有什麼叛逆期；除了孩子還小時，自己與「那個男人」有短暫的糾結……但，那跟若彤沒有太大關係。

用了一切努力，認眞上班、省吃儉用，就是想證明給所有人看，包括法官、調解委員、家事調查官、社工……她自己一個人，也可以把孩子照顧得很好。

爲了給若彤最好的資源，任何知名的才藝班、補習班，瓊華都幫女兒報名，也從不吝嗇教育花費的付出。所幸這個孩子很爭氣，卓越的高中學業成績、各種課外的競賽得獎，讓她以推甄方式順利進入國立大學醫學系就讀。大學唸了快三年，正値花樣年華的她，也交了一個男朋友。

十分鐘前，瓊華才焦急地詢問女兒男友，知不知道若彤會去哪裡？那孩子卻說，他也不知道。週一晚上曾經打手機給若彤，沒有接電話；但週二還是有去學校上課，只是好像若有所思，話比平常少。聽完之後，瓊華稍微放下心，至少女兒沒有人身安全的疑慮，可她在內心下了最後通牒，如果今天晚上十二點前還沒有看到這丫頭回家，就要去派出所報案。

晚上九點多，瓊華走進若彤的臥室，環顧房內，不放過任何蛛絲馬跡，想要搞清楚女兒到底發生了什麼事。從書架到書桌，沒有什麼特別的東西。書籍、用品擺設都照舊，這年頭也別期待孩子會寫什麼日記，就算寫也應該是數位保存，她沒看到若彤的筆電，應該是被帶出門了。

帶上若彤的房間門後，感到十分氣餒的瓊華走回客廳沙發時，突然間，她停住了，「對吧？就是這個！唯一跟週一上午不一樣的地方。」

儲藏室的門沒關好。這是一間三房一廳的小公寓，除了母女各自一間臥室外，另一處比較小的房間，就當作儲藏室使用。瓊華走進去，上下打量著……有了！門後的儲藏櫃最上層，某個用來裝過去文件的Double A影印紙箱，上蓋被打開了，而且沒有蓋回去。

瓊華拿了張椅子站上去，把那個紙箱拿下來。她自己也忘了這個紙箱裝的是什麼，卻看到紙箱蓋子上的標籤寫著「保護令、刑事告訴/暫時處分/親權」。這是當年她在離婚時，跟前夫打保護令、刑事告訴、暫時處分等官司，爭取到若彤的單獨親權的所有資料，那是一段很久沒有碰觸、也是這麼多年來不想翻出的回憶。

乍看之下，那些文件似乎被人翻動過，她瞄了其中幾張法院和檢察官的公文與裁判，彷彿又回想起那段期間的陰鬱情緒。另一個令她不安的是：有些文件似乎被抽走了，那應該是自己委託律師寫的離婚起訴狀跟刑事告訴狀。

既然女兒不接手機，應該還有其他管道可以聯絡吧，瓊華打開手機上的臉書通訊軟體，發了訊息給若彤：

「妳在哪裡？」十秒之後，已讀不回。

「妳是不是在儲藏室裡，翻到一些我以前的訴訟資料？」很快地，已讀不回。

「妳快點回家或是回應我，不然我就要報警了。關於過去有些事情，我需要跟妳談談。」已讀，還有對方正在回應中的閃爍點點。

「我在同學的租屋處，沒有危險，也不用擔心。明天我會再跟妳約。」

—

（三天後，南京東路上一家星巴克。）

「妳是在生我的氣嗎？」瓊華開口問五天不見的女兒。

「我不知道這算不算生氣。我只是困惑。」若彤很平靜地說著。

「困惑什麼？是關於箱子裡的東西嗎？」

沒有回答瓊華的問題，若彤轉移話題：「這幾天，我去見了一個人。妳猜得出是誰嗎？」

「我不知道。現在沒有心情玩猜謎遊戲。」

「我去找了妳前夫，也就是我的親生父親，葉先生。」

「我已經很久沒有他的消息了，妳去找他做什麼？」

「想要知道他在哪裡，做了什麼事，又爲什麼我從幼稚園以後，就沒有他的印象了。」

「那……他在做什麼？」

「他一直都在同一家公司服務，但有了另一個家庭，兩個兒子，目前住在內湖。」

「喔，聽起來不太意外。」

「我問他，爲什麼在我五歲以後，就沒有來看我？他給了一個答案，卻跟我印象中，妳告訴我的版本不一樣。」

瓊華陷入一陣沉默。

「妳不知道要說什麼吧？他說他沒再來看我，是因爲妳在我三、四歲時，對他提了一堆訴訟，告他妨害性自主、告他保護令，說他對我性侵害，所以，他無法接觸我。後來不知道誰又提了暫時處分、離婚、監護權什麼一堆的官司。對，我在妳的那個紙箱裡，看到當年那些訴訟資料，所以，我不得不推定他所說的這些官司，都是眞有其事。」若彤微慍地說道。

「妳聽我說，我從來都沒有要對妳隱瞞什麼，時間到了我自然會跟妳說的……只是，那時候每次妳從他那邊回來，身體就有很多……狀況……」瓊華急著解釋。

「我先說完好嗎？他還說，在那段訴訟過程中，他一直無法順利看到我，屈指可數的幾次，也是在機構、社工的監視下，只能見我短短一、兩個小時而已。後來，爭取監護權的官司也輸給妳了；再後來，他來看我時，我總是哭，妳就說我不想跟他走，他爲此還聲請了強制執行。就這樣哭哭啼啼、拉拉扯扯了幾個月後，他就心灰意冷，不想再嘗試了。」

瓊華說：「妳現在看到他，當然會選擇相信他的話，可是，那段時期一切都是混沌不明，我認爲他有可能對妳做過一些不好的事情，而我只是盡一個母親的職責，想要好好保護妳。」

「妳確定嗎？我有看妳的資料，看起來直接的證據也不多。我也問了他，是否眞的有對我做出那些天理不容的事？他緊張地對天發誓說絕對沒有，當年爲了離婚這件事，心情非常沮喪，婚姻已經支離破碎，跟女兒的親情是他唯一想抓住的，如果有一絲相處時間，珍惜都來不及了，怎麼可能還會去做那些可怕的事情。」

瓊華聽完無語。

「爸爸爲了證明他所說的，跟我碰面以後，還給我看了很多當年探視我時，用手機拍下的照片跟影片。我只看到一段又一段歡樂的場景，還有爸爸疼愛的目光。他說這些影片、照片本來也想透過妳的律師傳給妳，想跟妳談和解，但妳堅持不看，也堅持繼續提出性侵害、還有保護令的告訴。」

「當時因爲有其他證據，讓我有正當理由懷疑他，當然不能輕易動搖我的立場。如果他眞的沒做，那後來爲什麼自己退縮了、不來看妳了？」

「之所以沒有堅持下去，除了妳一年多以來不斷阻擋他來探視，爸爸也遇到了後來的妻子，人生重心就轉移了。」

瓊華嗤之以鼻：「在我聽來，這都是藉口。妳要聽當年妳自己說的那些話嗎？妳說爸爸親妳，跟妳玩摸身體的遊戲，手跟舌頭有碰到妳屁屁還有尿尿的地方。當時是有一段在家裡錄音的，妳說我能夠置之不理嗎？任何一個要保護孩子的母親，都會做出一樣的選擇。」

「我聽過了，妳的資料夾裡還有一片光碟，我拿去學校的光碟機裡仔細聽過了。那時的我才三、四歲耶，老實說完全沒有印象曾經發生過這些事，每次去爸爸那邊玩，我只記得很累，因爲時間很趕，接送、去公園玩、吃飯、洗澡，當時洗澡我記得旁邊還有奶奶看著。而且那段錄音，我只能說，比較像是順著妳一直提示的問題回答，那些問題本身都不是開放性的，而是都附有期待的答案。」

「其實，每次離開爸爸家時，我都一直在想著，什麼時候還能再去玩。雖然那段記憶實在很模糊了，可在我心中並沒有對他有什麼不好的感覺或恐懼。之後確定不能去爸爸家，問妳原因時，妳總是回答：『現在不行喔，爸爸壞壞。』『爸爸做了不好的事情。』要我不要再想去爸爸家。我記得妳曾帶我去醫院幾趟，也讓一些阿姨問我話，但是，我從來不知道妳竟然是去告他性侵害。當我看到十七、八年前那箱資料時，眞的嚇壞了。」若彤略帶抗議地說。

瓊華繼續安撫：「妳現在這樣說，也無法還原當初的事實，事實究竟如何，只有葉先生心裡清楚、跟老天爺知道。我當時只是盡我爲人母的最大責任，那就是保護妳。如果在他跟妳之間要選擇一個人相信，我只能選擇妳。若彤，妳不能以現在的想法就否定過去我們一起努力的生活啊，再怎麼樣，我都是爲妳好。我犧牲了一個完整家庭，受到所有人責難，也只能苦往心裡呑，努力把妳扶養長大。」

「媽，可是妳知道嗎？妳這個想要保護我的執念，多少蒙蔽了看清楚事情的本質，也阻斷了你們正常溝通的可能。回過頭來看，我寧願用我現在醫學系的學業成績，換回這十七年來有父親陪伴的生活。每年一到父親節，我總是對於自己不像其他同學一樣，能畫出一幅父親的肖像做爲父親節禮物而感到失落。我一再暗戀那些形象翩翩的男性師長，一個學期換過一個當作偶像，也曾暗自嫉妒同學的爸爸對她們好。我覺得自己是在塡補心中一個父親的無底缺口，少了一個人能去倚靠……」

若彤哽咽說著。

瓊華眼眶已經潤濕。

「可是，若彤，媽媽總是告訴妳，我會永遠在妳身邊，我答應自己不但要當好你的媽媽，爸爸能做到的事，我也能做到，不是嗎？我可曾讓妳失望？」

「不是這樣的。媽，我沒有怪妳，妳已經盡力給我很多了。但是，有些抽象的感覺還是得那個叫作『父親』的人才能給，就像是一種可以仰望的存在，在人生中要是能有那一個人在場，當你衝過終點線時，也有他那一雙鼓掌的手，就會相信自己可以成爲更好的人。當我看到那一箱文件時，我的理智潰堤了，原來這十七年來的缺憾，竟然是因爲這樣而來的。我只覺得好可惜啊……媽，對不起，我眞的沒辦法不這樣想……」若彤最後一邊哭一邊說完這些話，瓊華也不禁失聲而泣。

這天下午，南京東路上咖啡店外頭的雨，下得越來越大了……

在處理未成年子女與離異父母一方會面的案件中，我們時常看到保護令或是刑事告訴來「攪局」，而這樣的情境下的角色性別構成，通常「指控者是女性，遭指控者是男性」的比例較高。

因此，在這篇故事中，我並沒有刻意更動性別設定，目的在於讓大家更能解讀那樣的心理狀態，如果讀者有似曾相識的既視感，也只能請各位多多包容了。

人們只願意聽到想聽的事實？

家事訴訟中經常會出現這樣的情境：隨著婚姻關係趨近於結束，女方對於男方常帶著一種「不甘」或是「憤恨未消」的情緒，大多會懷疑男方在婚姻關係尚未結束前，就有了移情別戀的對象。有些案例，在後續的離婚、親權的程序中，女方不滿意男方對金錢的補償或扶養費的分擔，嫌惡對方吝嗇或不願意對孩子多分擔一點經濟責任，因而有了取得單獨親權的動機。

會對孩子的父親做出這樣的指控，有時候也不全然無中生有，當孩子從父親家回來，身上總帶著一些瘀青或是私密處的紅腫，在詢問不明究理或陳述能力有限的孩子後，往往成為了指控的開端。在這樣「說者無心，聽者有意」的情況下，孩子身上的傷勢很有可能被渲染成家暴或性侵害指控的素材。若是特別聰明的孩子，懂得察言觀色，知道詢問者意欲引導的問題方向，時常會給出讓詢問者「心滿意足」的答案。

寧可不觸碰的過往痛楚

我曾經說過，**暫時保護令或是性侵害的告訴，可以輕易阻斷一個父親對子女探視時間的穩定性，**影響動輒半年、一年。無論是提起暫時保護令的抗告，或是履行勸告或強制執行，都無法重新建立與孩子見面的捷徑，法院的心態是保守的，沒有看到檢察官的不起訴處分，或是告訴人提起再議被高檢署駁回前，法院會擔心受害孩子在自己的眼皮下憾事重演，成為媒體中的醒目標題。

因此，調解委員、司法事務官面對這樣的家暴疑雲，很難對告訴人／指控者一方有恢復父親探視子女的有效說服工具。也因此，才會有那麼多的「監督會面」的個案，在法院的家事服務中心或類似放心園等機構等著排隊——無數父親為了見半年不見的孩子一面，退讓到僅在小房間裡，每兩週限定的一、兩個小時，和孩子玩著有時已經被好多孩子玩過的玩具、桌遊、教具。也許大家可以試想每當會面時間結束，孩子被社工帶離，父親獨自被留下的淒楚身影……

很多人最後會選擇放棄尋求穩定會面的機會，因爲這次洗清了嫌疑，不代表指控方不會捲土重來，一而再、再而三地阻擋。有些人選擇擁抱另一段關係，去建立另一個家庭，只爲了麻痺自己那不碰則已、一碰就痛苦的心酸。

兒女未來親密關係的參考

心理學上認爲，父親對女兒日後建立親密關係的影響，比母親所帶來的影響要更加深遠。因爲，父女關係是女孩生命中第一段與男性建立的關係。在成長過程中，她會以自己這一段與男性建立的關係經驗，套入未來與其他男性建立的關係中。而父母之間的互動，也會成爲她未來看待親密關係的基礎。

父親既然是女兒生命中的第一個男性形象，女兒便會有意識或無意識地渴望一位復刻了父親許多特質的對象；想當然，父親也可能是反面教材，女兒長大了會選擇一位與父親各項特質恰恰相反的男性。

但在不同情況下，女孩看待男性的眼光都與父親的形象有關。而在良好的父女關係中，**父親可以為女兒提供有別於母親的觀念，並給予她在異性關係中更加男性視角的建議**。研究顯示，與父親關係良好的女性，透過父親的認可與建議，更容易與男性伴侶維持一段穩定的關係。

復刻雙親的情緒到自己的人生

很多家庭中，一對關係緊張的母女，往往就是因爲性格特質太過雷同，當女兒到了青春期，反抗母親的專制時，若沒有年長的男性給予適當開導，女兒也會在潛意識裡，默默繼承了母親的專制性情，並且不落痕跡地帶到將來與自己下一代的關係中。

而在成長過程中，女兒總是看到母親對父親帶有過多的憤怒情緒，在她長大後，也會不自覺地對自己的另一半，輕易產生許多懷疑，可以說是把母親對父親的憤怒，轉移到自己的親密關係中，所以，總是不明究理就對男友或老公發脾氣。

持續學習，促成共親職

說了這麼多心理上的分析，我們不難在若干法院的判決裡找到對應。時常看到法院提醒兩造，**應該要時時警惕自己，站在對方及孩子的角度，適時放下身段與堅持，覺察問題所在，並且能妥適地為子女做個「善意父母」的榜樣。**

曾有一個判決，讓我讀了爲之動容，法官要兩造「切勿不甘心於親權裁判的你勝我敗，或認爲有我就沒有你」，而要思索，「當女兒步入禮堂或生兒育女時，誰要牽著她，走向紅毯的另一端？誰要爲女兒在產房的辛勞與淚水共同歡呼，並給予溫暖的擁抱？如果兩造都沒有想過，那麼現在都還來得及。」

「兩造何不放下訴訟間的爭勝與對立，再多的訴訟技巧也比不上孩子的笑顏。」

「嘗試抹消那不甘心的執著，持續學習促成共親職，預見孩子的幸福並不困難。」

「即便父母分開了，心各在天涯的一角，但子女還是能透過父母的努力，去接觸那顆柔軟的心。」

「這樣的孩子見證了無私的犧牲，也證成了愛，是何其有幸。」

期許以本文給正在程序中親權拔河的父母雙方，思索彼此無盡的指控，將帶給孩子多少親情的缺陷。在孩子的成長之路上，如能得到雙親給予的不同指引，將是他們可以珍惜一生的瑰寶。如何在離異的婚姻之後，仍能彼此友善合作，才能讓孩子不再失去更多。

十年

”

對方永遠是孩子的父親或母親，
無論現在吵得多兇，這一點永遠不會改變。
親子關係有時可能在時間之河上，載浮載沉，
誰又是那個波濤洶湧時，
無私緊急救援的人？

“

早上七點四十分，元豪已經在廚房沖好兩杯咖啡，還弄好一盤班乃迪克蛋、吐司，以及薯餅，這點小小廚藝，對已經獨居十年的他來說，根本不算什麼。

走到廚房旁的房門前，元豪敲了敲門說，「小瑄，早餐做好了，妳要不要來吃？」

元豪見房門沒關，側頭朝床上瞥了一眼，床上沒人，浴室裡傳來刷牙的聲音，女孩從鏡子對著元豪露出恍惚，但帶著笑意的雙眼。

這是他十五歲的女兒，已經是個穿上鞋就只差自己半個頭的少女了。

—

半個月前的平日夜裡，元豪下班在外面用完晚餐，回到家，停好車後，搭著大樓電梯回到自己小窩，電梯門一打開，赫然見到一個穿著制服、左肩揹著書包，右肩拎著一個旅行袋，耳上掛著AirPods的少女，喧鬧的嘻哈音樂從耳機傳了出來……

「嗨，爸，Surprise！」

「妳、妳怎麼會在這裡？今天又不是禮拜六……不是要上課嗎？」

「今天是禮拜二啊，我才剛從補習班下課。嗯，我可不可以有個要求？」

「什麼事啊？感覺不是什麼好事……」元豪小心謹慎地回應。

「嗯……我……今天不想回去家裡住了，可不可以……住在你這裡？」小瑄結結巴巴地說。元豪很快就反應過來，她講的「家」是前妻郁芬的家。

「爲什麼？妳有跟妳媽說嗎？」

「唉呦，這說來話長啦，你可不可以先開門，手上東西好重喔。」

「不行，妳先講清楚到底怎麼回事，等一下妳媽又要發飆，說不定還要告我違反會面交往的時間咧。」

「就……我跟她鬧翻了啊，從上禮拜開始就不太講話，今天早上大吵一架之後，我就說我要離家出走。」

「離家出走？妳有跟她說妳去哪裡住嗎？」

「還沒有耶。她就說『妳走啊，妳走啊，出去了就不要回來。』我沒辦法去同學家住，才想到，不知道你肯不肯收留我……」

這時候，元豪才默默地掏出鑰匙，把大門打開，讓小瑄把行李放進門內。

「妳先發個簡訊，跟她說妳在我這裡。」

「蛤？一定要嗎？」

「當然要，這是條件。要讓她知道妳在這裡，不然依她的作風，我可能會被告，妳一定要說是妳自己跑過來的。」

「那……我可以一直住下去嗎？」小瑄邊笑邊試探地問。

元豪指示小瑄把行李提到那個久未整理、灰塵滿佈的客房門口。

「先幫忙整理好房間再講。」

「耶！」

—

回想起十年前，生活開始崩解的那段日子。

兩人生了女兒之後，元豪就順著郁芬的意，住進郁芬娘家好幾年了。夫妻自然是同房住了，但元豪幾次求歡被拒，郁芬的理由不外是生產後，身心理都改變了，而且回去上班已經夠累了，晚上已經沒有力氣，假日又要帶小孩，更沒有興致。

但元豪幾次從家門口的監視器畫面中，看到郁芬在家門前停好車，下車還繼續拿著手機，一直講著電話，還笑得花枝亂顫，捨不得講完，直到進了家門才掛掉。

元豪不禁想問，到底是跟誰講話可以講得那麼開心，而回到家就一副晚娘臉孔？

「你自己的衣服不會自己洗、自己晾嗎？」「那麼晚回來，已經沒有菜了，你自己外面解決吧！」「這週末我跟朋友有約，你要做什麼隨便你。」

郁芬片面急凍的情感交流，反映在日常生活中的各種不耐煩對話當中。

元豪實在是不解郁芬的態度，於是想要看看她的手機，想從中找出答案。有天他趁郁芬洗澡時，把之前偷看到郁芬如何解鎖手機的手勢依樣畫葫蘆，順利進入手機操作，翻找一下通話紀錄，找到了昨天傍晚講了七分多鐘的電話號碼，沒想到前天的通話紀錄也是這支號碼，上週五也是這支號碼。BINGO！應該就是這個人了吧！然而，浴室裡沖水的聲音戛然而止，也就是說，剩下不到五分鐘的時間，郁芬就會穿好衣服走出浴室。

元豪當下不作他想，對那支電話按下回撥鍵，嘟……嘟……嘟……沒有人接。元豪只好掛斷電話。但隨即有一則LINE訊息傳來：「怎麼？我在家裡不方便接啦。」

傳訊的帳號是一個男人的頭像。

元豪原本要看LINE的對話內容，但浴室門已經打開。

「你幹嘛？拿我的手機幹嘛？」郁芬說。

「沒有啊，只是看一下時間而已。」元豪轉身過來之前，雙手在背後趕緊把那回撥的通聯紀錄跟LINE對話刪掉。

「手機還我。」郁芬臉色微慍地伸手搶回自己的手機。

從這一天起，元豪再也難以接近郁芬的手機，不僅解鎖方式改成臉部辨識，連洗澡都手機不離身。

元豪上網查了一些徵信社的資料，最後決定委託一家徵信業者進行跟監。某個週末，元豪表示想要自己一個人回中南部老家一趟，要郁芬跟女兒留在家裡，郁芬當然欣然同意，反正夫妻倆週末已經各過各的很久了。

徵信社很快就有了消息，那週末元豪前腳剛出門，郁芬後腳就把女兒送到保母家，驅車前往捷運站，載了個男的，就直奔一家汽車旅館，並且也拍到了郁芬和那男子開車進出汽車旅館、回程送男子在捷運站下車等畫面。

元豪在某天夜裡質問郁芬，最近好像買了一些性感的內衣，爲何沒有穿給自己看。「女人高興穿什麼就穿什麼，不一定要穿給誰看。」郁芬理直氣壯地回答。

此後，凡元豪的所有親友活動與宴會，郁芬都會找各種理由拒絕參加，連週末都把女兒帶走。對於元豪說要到幼兒園載女兒下課，郁芬都搶著說自己會去載，不需要麻煩元豪。

元豪忍不住找丈母娘提了一下郁芬的異常舉止，丈母娘卻推說自己沒辦法說什麼，只叫他們夫妻倆要好好溝通，以孩子爲重。

元豪發現找丈母娘評理這件事，似乎收到了反效果。郁芬開始推說元豪晚睡，女兒怕吵、怕亮，要跟元豪分房睡，改跟女兒睡一間。常常元豪一下班，發現女兒已經被帶到郁芬房間；想要同女兒相處，玩還不到十分鐘，女兒就被郁芬趕著上床：「小瑄，要刷牙準備睡覺囉，跟爸爸說：『爸爸請出去，我要睡覺了，快點把門關上囉！』」「小瑄，快點請你爸出去，要不然今天大家都不用睡覺了喔！」也有這種略帶威脅的口吻。

元豪偶爾會偷偷把小瑄帶到自己房裡，打算說床邊故事，也會很快被郁芬叫出來：「以後妳要去爸爸房間聽故事，可以啊，那以後就不要叫我唸喔，我要睡了，不管妳了！」

這時候，小瑄只能哭著追出去，大叫：「馬麻，不要，我要聽妳說故事！」

有次郁芬加班，元豪回到家，吃過晚飯就把小瑄帶到公園玩，回來已經晚上八點半了，只見郁芬對小瑄大罵：「妳在做什麼？我不是說過了？回來家裡，要趕快寫功課、洗澡，爲什麼不早點回來？」「這麼不聽話，我丟掉妳的玩具跟書好了！」

小瑄當場嚎啕大哭，元豪質問：「爲什麼要對她這麼兇，對我這麼不客氣呢？」

郁芬攤牌：「我希望以後儘量不要看到你，這屋子的人也沒有人希望你再撐下去，你要不要趕快把離婚的條件開一開？大家好聚好散。」

「離婚？我做錯了什麼？」

「你又做對了什麼？窩在我娘家，家裡的生活費用你何時有出？家裡有你跟沒你都一樣，你對這個家毫無貢獻可言。」

「我每個月都有拿錢給你媽啊，是妳自己上個月開始要妳媽退錢給我。」

郁芬轉頭說：「小瑄，不要跟爸爸玩，爸爸是個沒有用的人！媽媽會買很多漂亮的衣服跟玩具給妳，知道嗎？」小瑄又出現泫然欲泣的眼神。

對小瑄說完後，郁芬崩潰地對元豪哭喊：「你為什麼不能認清現實？我們已經沒有愛了，為何要拖著彼此，還要害小孩不能有平靜的一天？」

元豪從此感覺到自己被排擠的狀況越來越嚴重，一到假日，小瑄更是一早就被帶出門參加排得滿滿的才藝班，元豪根本沒什麼時間可以跟女兒相處。

連小瑄生日，元豪買蛋糕回家，郁芬就在小瑄面前嫌棄蛋糕外型醜，看起來不可口，而且女兒已經吃飽，不用蛋糕了，要元豪自己處理掉。然後，要女兒把爸爸推出門外，把門關上。

在家裡見不到女兒幾次面，元豪只能去幼兒園。只是，幾次下來，女兒看到爸爸，不但沒有雀躍，反而面有難色。元豪為此還準備了小點心，但小瑄為難地推拒。

有一天，小瑄開口跟元豪說：「爸爸，你不要再來學校看我了，馬麻說我再拿你的東西回家，就不讓我上小提琴課。」

元豪後來自知日子會越來越艱苦，只好知難而退，搬離了郁芬娘家，也找了律師諮詢。律師對他說，雖然有外遇的證據，離婚訴訟應該贏得了，但是女兒的監護權恐怕很難爭取得到。元豪聽了十分不解，自己明明沒有做錯事，都是對方阻止孩子跟自己交往，也對孩子洗腦父親是一個爛人，有什麼理由爭取不到監護權？但律師只說了：「沒辦法，大部分的法院就是看小孩子跟誰親近，想住哪一邊，很少有法官會嚴厲懲罰不友善的父母。」

小瑄在訴訟過程中，已經升上國小一年級，面對程序監理人的訪談時，小瑄對程序監理人阿姨說：「不喜歡爸爸。」「因爲爸爸都會跟媽媽吵架，說一些奇怪的話。」「也不希望爸爸來學校看我、還要跟我拍照，因爲很丟臉，同學會看我。」關於「希不希望爸爸回家」的問題，小瑄回答：「不希望，因爲爸爸回到家裡，全家會變得很不開心。」至於「想不想跟爸爸見面」，小瑄則回：「有點不想，最好是久久看一次就好。」

後來，元豪贏了離婚訴訟，也因爲有外遇的證據，法官判給了他精神賠償，但是把親權判給了媽媽，理由是女兒比較傾向跟媽媽，且不想變動生活環境。但元豪做了困獸之鬥，抗告到第二審，二審合議庭法官仍然維持原判，確定親權仍維持在母親那方，但似乎爲了想平衡元豪的權益，法院給了他相對寬鬆的會面交往方案。

只是，會面交往過程依然不是很順利。

起初，小瑄根本不願意單獨跟元豪出門，在元豪聲請了強制執行之後，負責強制執行的司法事務官，才讓元豪先跟女兒在「家事服務中心」以隔週兩小時的時間短暫會面，之後漸進式地拉長時間，等到終於可以讓小瑄在元豪家過夜，已經是小瑄升上三年級的事了。距離元豪第一次發現郁芬外遇的時間，已經過了整整四年的時間。

後來小瑄升上高年級，課業開始加重，元豪也爲了體諒小瑄常常有考試、才藝競賽，過夜的探視改成兩、三個月才實行一次。但到這個時期，元豪已經體認到，見面的質勝於量，氣氛融洽比時間長短來得重要。

隨著女兒越來越懂事、有自己的想法，小瑄推出房門外那段時期過了五、六年後，元豪才覺得小瑄已經徹底擺脫郁芬的影響，可以用父女實際相處的經驗，公平地看待爸爸，並放心地跟爸爸相處，不再擔心郁芬的秋後算帳。但韶光荏苒，此時，孩子也已經十歲了。

——

元豪跟小瑄花了一個小時的時間，才終於把客房的灰塵擦拭乾淨，並且換上乾淨的床單跟枕頭。「叮！」元豪的手機傳來一則簡訊，來自郁芬：「她要住你那邊，我無所謂，下禮拜有期中考，叫她認眞點。」

元豪回覆訊息：「我會叫她早點回去。」

「隨便她。」郁芬回覆。

「妳到底跟妳媽怎麼一回事啊？」元豪轉頭問小瑄。

「她就很煩啊。管我用手機的時間；管我零用錢花得太兇、不知儲蓄的重要；管我頭髮太長、裙子太短；管我打LINE的對象，又是哪個男生、家裡環境怎樣怎樣，巴拉巴拉的。一天到晚碎唸不停。前天晚上，她擅自拿我的LINE去回我同學簡訊，要他們不要晚上再跟我傳訊息，否則要去老師那邊告狀！我就大爆炸了，根本就是要我沒朋友吧！」小瑄劈哩啪啦唸了一堆。

「那，在我這邊，妳就以爲我就不會管嗎？」元豪問。

「我不敢有這種期待。但是，爸，我想我們可以先談個條件吧，你可以管我，但是你要給我解釋的機會，也不會插手我跟我朋友的對話，deal？」

「這我可以考慮看看。」元豪笑著說。「你現在寄人籬下，條件應該是我說了算吧。」

「欸，你們大人都很狡猾耶。」

元豪在廚房泡了兩杯伯爵茶，遞了一杯給小瑄。

「妳眞的要長住下來？」

「我眞心覺得，我跟她像是兩顆易燃物放在一起，溫度一高就很容易自爆，還是不要太close會比較好。而且我現在要準備基測了，實在沒時間耗在每天的吵架上啊。」

「那妳就看著辦吧，我是沒差，她好像也沒太大意見。」

「她想拖走我，或是要把我關起來也沒辦法囉！我都比她高了。不過，我會找時間回去找她的。」

父女倆在沙發坐下，各啜了一口伯爵茶，十年來的種種，盡在不言中。

開過不少孩子被一方帶離後，另一方父母難以進行會面的庭，開完後往往有很深的無力感。我曾經一次又一次問自己，我們的法院對於離間子女、違反會面交往協議的當事人，是否太仁慈了？

我常常感嘆：被離間的一方探視子女要耗費的心力、成本與時間，根本是常人無法想像，要做多少的說明，跟開多少次庭，才能達到一點點的進展，時常只因對方一句聲淚俱下的「我要尊重孩子的意願」就抵銷？

離間子女造成的心理陰影面積遠比想像大

關於「離間子女」（parental alienation），是於一九八〇年代，美國心理學家 Richard Gardner 介紹「離婚後子女離間症候群」（parental alienation syndrome, PAS）所成形的親子心理詞彙，意指：父母一方對其子女進行計畫性地，或持續不間斷的灌輸不當思想，使子女對他方父母產生「不公平的厭惡」及詆毀病態行爲。之後於一九九二年美國學者更指出：子女遭離間而拒絕與非行使親權一方父母接觸，且出現拒絕、恐懼、漠視、孤立、墮落等社會適應不良的現象。

•在巴西，已於二〇一〇年立法，表示離間子女是一個刑法可以處罰的犯罪行為。
•在墨西哥，一旦認定離間子女的行為，法院可以判定親權歸屬另外一方，情形嚴重者，法院可以停止一方親權。
•英國也有倡議將離間子女立法為刑事犯罪行為的請願活動。而「Kids Need Both Parents」這樣的民間組織，國際間不勝枚舉，「離間子女」這個名詞，近年來在國際間已經引起高度的重視，二〇一九年五月在愛爾蘭也有召開國際大會。
•在台灣，我們雖然有民法第一〇五五條之一第一項第六款的「父母一方有無妨礙他方行使親權者」，供作法院做為酌定親權的因素，但這一因素在實務的運作上，時常是法院放在所謂的「親子依附性」、「親職能力」、「子女意願」等等之後才審酌，它絕不是優先適用的帝王條款，它的份量遠遠不及那些「先搶先贏」、「先洗腦先營造」的「親子依附」關係。

我想這或許與我們的文化價值有關。台灣的法庭多半都是見面三分情、事緩則圓，伸手都不打笑臉人了，還打當庭哭的梨花帶淚的父母親嗎？

會面交往能否能滿足孩子的親情缺口？

在大多數的劇情中，法官看到子女黏在媽媽身上，哭著不肯離去，就心軟了。殊不知，眼淚在上了爸爸的車之後瞬間風乾，拿著玩具破涕爲笑，完全忘了剛剛的十八相送劇情，回家前還哭鬧著：「可不可以在爸爸家多玩一下？」

我曾經看過，法官在暫時保護令或是暫時處分就適用民法第一〇五五條之一第一項第六款規定的，但那屬於極少數，都是要到法官「忍無可忍」才用得上，像是將孩子藏在國外，堅持不帶回來，或是爸爸一家子藏著孩子，不讓媽媽看小孩，法官氣到暫時處分就改定親權了，結果當然是瞬間有效，下個庭期，當事人馬上就看到孩子了。

而爸爸要看到孩子，就沒有那麼簡單了。他必須消除那些因爲孩子忠誠度出現拉鋸，而時常出現的暫時保護令疑雲，或是更慘的——要擺脫性侵害的指控，才能看得到孩子，而且往往是機構監督下的會面交往。而那些長久未能與子女過夜的，一個想跟孩子過夜的簡單要求，簡直比登天還難。（不過，我曾經聽到一個法官法庭上霸氣宣示：「對我來說，沒有過夜的會面交往，等於沒有會面交往。」聽了眞讓人精神爲之一振！）

孩子不願意，我也沒有辦法……

爸爸們如果以軟性訴求，對一個等同確定判決效力的會面協議進行「履行勸告」，卻常常被對方或對方律師以「待評估」的緩兵之計拖延，而調解委員、法官多半同意媽媽，對於子女不願意見爸爸「要評估、要觀察」的方案，但誰來評估？何時評估？機構是否確實明瞭調解室裡發生了什麼？評估後能做什麼建議？一個「法院—機構」的公文往返就可以拖上好幾個月，往往換來一個拖沓、沒有效果的程序。

那爸爸們受不了了，來硬的行得通嗎？如果你對一個確定裁判或在法官面前作成的調解／和解協議聲請強制執行，對一般的民事訴訟參與者來說，可能天經地義，在家事事件卻並非如此。

當事人大部分碰到的是欠缺配套資源的執行處司法事務官，對他們來說，「直接執行」（大陣仗人馬去媽媽家裡，把孩子帶出來）是最後的手段，「間接強制」（請義務方自動履行，否則罰怠金）之前還可能要開一個訊問庭調查，或讓大家再來協調，協調的結果可想而知，就是「孩子不願意我也沒有辦法」。

讓孩子害怕、猶豫的心理障礙

更不公的是，聲請強制執行還有一個「觀感上的後遺症」，在很多家事法官眼中，這是一個手段「太過強硬」的「不友善」行爲，對孩子可能會造成心理上的傷害。但歸根究底，孩子不願意見面，原因難道不是出自另一方確實有離間的行爲？照顧方很容易就可以在態度上，擺出消極不配合的能事，就像是對著孩子以手插胸前，嘴上說著：**「想不想去你自己跟爸爸說。」這種令人不知所措、也不鼓勵的態度，才是讓孩子害怕、猶豫，不敢踏前一步的心理障礙。**爲何聲請強制執行，卻需要檢討被離間的父母那一方的態度呢？

當這樣走軟走硬都左支右絀，一個確定判決、法院做成的協議，都無法保障當事人依法得到跟孩子相處的機會，當事人能怎麼辦？律師能給什麼建議？與其在程序內「溫良恭儉讓」換來一陣「對離間被害人的檢討」，會讓很多人興起這樣的念頭：還是乾脆在程序之前、程序之外，也不顧一切地把孩子搶回來的脫法行爲就好了？

法院可善用各種手段

我衷心希望能看到法院在確定有離間的事實時，能妥善運用法律賦予的各種工具與措施，幫助這些被離間的、無助的父母，對離間子女、不遵守裁判或協議的當事人給出「若不遵守，將改定親權」的諭知，假如不從，就考慮暫時處分改定親權予另一方，情況必定有所矯正。

如此也能夠減少當事人一再浪費提起「履行勸告」、「強制執行」的程序，可總體減少法院的案件量，為未來樹立一個明確的遊戲規則與界線，讓國際間開始認定是刑事犯罪行為之「離間行為」，在我們的家事事件中大大減少。

近來看到女明星與她的前夫共同參加女兒的國中畢業典禮，女明星與前夫再度大方同框合照，想到這對夫妻當年為了跨國爭奪女兒親權，新聞報得沸沸揚揚，可以想像當時兩人一定有不少怨懟。雖然我們無法體會這幾年，他們的內心曾經有多少翻攪，如今兩人也各自再有婚姻對象，但能夠在孩子的重要時刻畢業典禮上破冰同框，女明星在媒體上感嘆：「講真的，我從來沒想過會有這麼一天，**無論是以前，或是現在，我們都希望可以給孩子滿滿的愛。在這些時間裡，都很成熟的去處理、面對這些事情，我們也都放下了，好好去過生活。**」

別剪斷孩子手上的另一條風箏線

這或許是我們都該要思索的，在婚姻解消的當下，無論對他方有多少怨言，都不應該讓孩子夾在中間。把生命的維度拉長來看，對方正是我們在照顧子女的人生路上，唯一一個具有同樣地位、同樣年歲、同樣義務的夥伴（partner）吧？破壞，對方跟孩子的關係，往後我們都可能後悔莫及，不僅傷害了孩子心中的安全感，也可能揮別了另一個他生命中，能夠接住他的心靈捕手。

我曾聽一位心理諮商師這樣比喻過：「孩子就像一張飛在天際的風箏，父母兩人就像各自一邊拉著風箏的一條線，當握緊你手中的那條線的同時，是否也別去剪斷對方手上的一條線？」因爲，你手中這條線，不知何時也會有斷裂、散佚時，到時候孩子能仰賴的，也只有對方手中的那條線。

否則，這張風箏不知會飄到哪裡去？在這個惡意與危險四伏的年代，他們如果連父母雙方都不能仰賴，當心中有問題時，尋求協助的對象，是否會是網路上的不知名朋友？迫使他們無法與「危險」及「錯誤的判斷」保持距離？

第2部分

婚姻關係

婚姻不是愛情的墳墓，不快樂的婚姻才是

夫妻從沒有血緣的兩個個體，願意共結連理，共組家庭，生育子女，本是再難得不過的緣分，如果能做到，給對方留下一絲顏面，也是給自己留一條退路。

卸下法官法袍，轉任律師後不久，我就開始擔任調解委員，在多次的經驗中，會看到一對對「怨偶」來到法院的調解室，接著調解委員會宣達「遊戲規則」——請彼此尊重，一方說完換另一方說，不得插話等。起初，大家還保持畢恭畢敬的心情聆聽著、遵從著。

可惜「禮尚往來」的時間並不長，等到彼此的陳述一步步接近爭執的重心，諸如生活費用的分擔、孩子的教養方針，或是生活習慣的不同……等等，討論的音量就開始提高了。

這時，通常會出現「關鍵字眼」，瞬間惹怒對方，而起手式多半會以「全盤否定」模式開始：

「你從來不會主動問我，這個月家用多少錢啦！」

「小孩子的功課，你哪一天有弄，全部都是我在管。這樣你也敢要監護權？」

「你總是等著別人幫你洗衣服，哪一天有主動把衣服拿去洗？哪一天有自己去晾衣服？我是你的無薪幫傭嗎？」

撇去最極端的例子不提，如果被責怪的對象，覺得家事、孩子教養，他不是完全沒負責，通常會這樣辯駁：

「拜託，我哪裡沒有給你家用？家裡的瓦斯、電費、寬頻費是誰在付？」

「兒子上個月聯絡簿我至少簽過五天，怎麼可以說我完全沒顧？」

「我有洗過衣服，也曬過床單，家裡的塵蟎吸塵器，妳又有用過嗎？還不都是我在你們週末上午不在時，把寢具都吸過一遍？」

請試著思考，當別人對你說出這些「你從來不會……」、「全部都是我……」、「你總是……」、「你沒有一次……」等話時，聽起來，是不是總覺得自己的價值被貶低、無視，甚至否定。通常這些劇碼都會發生在調解室、法庭上，如果當場不予以反擊、駁斥，你必然會擔心自己的形象被對方批得一文不值，所以更要極力找出事實眞相，或用更強烈的字眼回敬對方。

做人留一線，日後好相見

調解委員是調解庭裡的解毒者、和平維持者，如果不趕緊把火苗撲滅，調解室就有可能會釀成「森林大火」，和談的氣氛也會順勢蒸發，要勸雙方各退一步的使命，也就功虧一簣了。

這時，我多半會勸當事人們，趕快把這些話及時打住，不要一味用「全有全無」的語句來指責對方，強調對方「完全沒有」做到什麼事情，「總是沒有」或「總是怎麼樣」的開頭，如此不免讓對方倍感受辱，下意識拚命在回憶裡翻找反擊的事實與證據，還因此耗盡所有腦容量，也無法再理性思考所提出來的（甚至友善的）解決方案。

我也觀察過調解室中雙方的溝通模式，只不過是現實生活的冰山一角。曾有一對夫妻在調解室才坐下來，一方就破口大罵：「妳到底要把我的生活破壞成什麼樣子？」即使身旁有客觀第三人在場，都可以指著鼻子互相對罵，可以想見關起門來的火山爆發會有多慘烈，而孩子們目睹這些衝突，就如同躲在戰場濠溝裡，看著兩邊互擲的手榴彈在空中飛舞、爆破。

俗話說得好：「做人留一線，日後好相見。」夫妻間的日常溝通，如果能做到「給對方留一絲顏面，也是給自己留一條退路」，正如同待下屬、朋友、客戶，都能理解就算對方錯了，也會給對方留點餘地，不把事情做絕，是因爲日後還可能有需要對方的時候。

夫妻之間何嘗不能這樣對待呢？

沒有血緣的兩個個體，願意共結連理，共組家庭，生育子女，本是難得不過的緣分，在相處過好幾年，柴米油鹽讓所有的浪漫流失後，就把對方視爲理所當然的存在，一廂情願認爲再怎麼爭吵，對方也不會說走就走。

婚姻預防針

”

當我們懂得向對方
適度表達感謝與珍惜，
用委婉尋求幫助的方式與對方溝通，
相信對方會更願意幫助你，
協助你達成需求。

“

若在日常生活的口角中，總是把對方罵得毫無招架之力，全盤否定對方的價值與自尊，假如日後需要兩人合作處理問題時（例如：離婚後孩子的教養），難道對方會再讓步？會願意伸出援手？

也因爲如此，我常建議當事人先想一想，能否用對待同事、客戶的口氣，來跟另一半說話？雖然客套，但起碼能感受到你「至少願意」用客套來包裝善意。不妨可以參考以下的說話技巧：

①適度表達感謝與珍惜

「你從來不做家事！」（×）

「你上禮拜幫忙打掃，去除家中塵蟎，讓女兒的過敏症狀減輕不少。」（○）

雖然沒有把感謝說出口，但是先生會知道自己每週做家事的事實，另一半是知情的。甚至，還會覺得自己被肯定，更願意幫忙其他事情。

②多用「我們」，少用「你」，用「邀請」代替「要求」

「你可不可以隨手關燈？」（×）

「為了節省電費，我們一起來隨手關燈怎麼樣？」（○）
「今年都還沒出國去玩，你可不可以少買一些電子產品？」（×）
「為了今年出國旅行基金，我們可不可以一起來規劃用錢？」（○）
用「我們」代替「你」，可以稍稍軟化那些強硬的請求，不會讓對方認爲責任都在自己身上，而是需要雙方一起來完成。用「邀請」代替要求，不但把「自己」納入團隊的一員，對方也不是唯一需要改變的人，並能給予對方應有的尊重。

③尊重、尋求幫助取代責難式用語

「每次我出差，你都不會幫忙看聯絡簿，連忘記帶生字本都不知道！」（×）
「弟弟常常忘了帶生字本去學校，你覺得該怎麼做下次才不會忘記？」（○）
用尊重對方的態度尋求協助，比責難式用語讓人舒服許多。

④說話語調也會影響心情起伏

新婚時，一方開朗地迎接回家的一方：「啊，你回來了！」這時，剛到家的一方心裡會覺得：「這麼早回家，真好。」

但結婚十年後，一方用陰鬱短促的聲音說：「喔，你回來了。」這時，回家的一方會覺得：「這麼早回家，真是失策……」是不是會覺得早知道不要那麼早回家了吧？

同樣一句話，語調不同，就會帶來天差地別的印象，別小看這些細微之處，若感情忘了加一點調味料，長久下去可是會讓人懷疑人生的。

⑤用委婉的語氣取代斬釘截鐵的語氣

「一定是你出門忘了關冷氣，上個月電費才會那麼高！」（×）

「就是因為妳都不關電燈，才會讓我付那麼高的電費！」（×）

「我覺得這個月電費有點高，下個月一起確認隨手關燈怎麼樣？」（○）

「我認為如果一起隨手節約能源，下個月一定能省點電費、水費。」（○）

還沒確認的事實，用的卻是斬釘截鐵的語氣，會讓聽的一方火冒三丈，我建議用「個人意見」方式，比較不會讓人有責難、命令、強迫的感覺，甚至鼓勵雙方一起努力，也是「邀請幫忙」的技巧。

⑥避免以上對下的語氣說話

「不是輪到你倒垃圾嗎？」（×）

「你就不能等我先弄完小孩再幫你看東西嗎？」（×）

「你今天可以幫忙倒垃圾嗎？」（○）

「我可能還需要一點時間處理小孩的事，等下再幫你看東西好嗎？」（○）

夫妻倆人本是對等的關係，對話時建議儘可能避免用命令句型說話。

生完孩子後，太太就變了個人？

夫妻在孩子剛出生時，最容易被孩子的各種照顧問題弄得焦頭爛額，甚至有些媽媽還會出現程度不等的產後憂鬱症狀。

「如果能當貴婦，誰會想當潑婦」更是許多太太們的肺腑之言。先生們必須有自覺，此時最好不要與寶寶爭搶太太心中的排行順序，而是要分擔太太的身心需求，並且疏通壓力源，才是和諧度過難關的正道。

順利度過焦頭爛額的階段後，再來就是別把「孩子的事」，當成「夫妻之間」亙古不變的話題。孩子並不是夫妻對話的全部，或許是因爲結婚太久，便忘了在孩子出生前，兩人之間究竟是如何輕鬆互動、無所不談。

不妨試著漸漸減少孩子的話題，多多關心對方的工作、健康、運動、嗜好還有生活中的各種狀況。平靜的湖心需要製造幾圈漣漪，偶爾來場兩人的約會，像是看場電影、吃頓晚餐，嚴禁在約會過程中提起孩子。相信我，這很難！

請試著回頭體驗結婚前，或是新婚時期的相處模式，讓彼此尋回當初在一起的感覺。別在孩子長大、進入空巢期前，就找不到本該攜手共度下半生的人。

夫妻之間好像無話可說，怎麼辦？

夫妻之間越來越無話可說，看似是普世皆然的問題，畢竟兩人已經共度了這麼長久的歲月，很多事即使不明說，彼此也能心領神會。所以，有時似乎也無需拚命找話題，非聊不可。

可是，別把這一切當成理所當然，好像什麼事都盡在不言中，長久下來，可能成爲怠於維持關係的藉口。有時一句再平常不過的問話：「吃晚飯了嗎？」「晚餐吃什麼？」「今天有看到那則新聞嗎？」就能輕鬆打開話匣子。

憤怒並不能使關係更加緊密

夫妻之間難免會碰到意外狀況，也會有難以克制情緒的時刻。但我們也該明白，情緒只是一種暫時性工具，不該被當作目的，情緒宣洩完，也應該迅速回到該如何解決事情的正軌上。有些意外狀況，即便涉及到金錢財物的損失，此時的興師問罪，往往會換來對方的防衛與反駁，並不能眞正解決問題，反而，暫時維護住對方的尊嚴，待風波平息，等對方願意自己承認疏忽或錯誤，那時雙方都有台階可下。守護住兩人的感情價值，比損失的財物還要珍貴。

有時，易於憤怒的人往往不承認還有其他解決方法。

人們一旦情緒暴躁，打從對話開始就不想控制自己的怒火，甚至要利用這個習慣達到某些目的。如果將這樣的習慣放進了夫妻或親子關係中，爲了一己之私，便是一種「情緒勒索」。若你碰到這樣的情況，最好的回應就是「別回應」。

情緒勒索之所以能成功，就是我們無法輕易切斷關係，卻又無法忍住不回應。

在婚姻關係中，當對方情緒勒索時，除了可直接點明對方現在的情緒不適合談論原本的議題，唯有雙方冷靜才能細談，在談論需求時，也請對方別急著生氣，一切好好說就行，因爲自己都會聆聽，也願意盡力一同解決問題。

若對方能克制怒火，並好好說明自身的需求，請務必讓對方明瞭自己會說到做到，言出必行。這就是一種馴服憤怒的方法，不僅對孩子有用，對大人也很有效。

聰明是天賦，善良是選擇

婚姻關係就像人生中的一場馬拉松，會面臨數十寒暑的外在、內在考驗。當夫妻爭執時，贏得口頭、顏面上的勝利，就看誰的言詞犀利、邏輯通達。但在爭吵過程中，兩人反而會陷入情緒及指責的迴圈，無法從憤怒、緊張的關係中破繭而出。其實，把婚姻的維度拉長來看，眞正的贏家多半是那些忍得了一時的人，他們以良善的心，用包容與諒解來等待，才能讓彼此長長久久，相互追隨。

無須追求最完美的另一半

剛認識對方時，肯定會將對方所有的一切都視爲優點，任何缺陷也認爲是「瑕不掩瑜」，願意概括承受。然而，隨著雙方關係因爲孩子出生後的忙亂，或柴米油鹽醬醋茶的摩擦，這時兩人的「視力」開始好轉，從原本的模糊視野突然變得清晰，看待另一半的眼光也會隨之改變，對方此時彷彿變得俗不可耐、滿是遺憾。

就我觀察，一個人對自己的另一半百般挑剔，其實是他從某個時間點開始就下定決心，不願與另一半建立和諧的關係。

網路有此戲言：「別人的先生永遠不會讓我失望。」只是，也必須明白天下沒有完美無瑕的另一半，畢竟自己也並非毫無瑕疵，請別把想像中的完美伴侶當作一生的追尋目標，而婚後多年，卻只看見身邊那人的缺點。

當你下定決心，與對方建立和諧的伴侶關係，練習找出對方的優點，而非一味關注缺點，才能和眼前這獨一無二的人互相敬重，共度人生。

實習父母

”

生兒育女不是婚姻的必要元素，
但養育孩子的焦頭爛額，才是婚姻的最大考驗，
不僅消耗感情帳戶中的存款，
也挑戰往後遇到問題時，
兩人是否有攜手解決的能力與決心。
準備好對付這迷人又可愛的反派角色——
嬰兒了嗎？

“

「什麼？要幫他們多帶兩個小朋友一個禮拜？有沒有搞錯？」曉婷高聲抗議。

「抱歉抱歉。我哥在越南工廠的生產線發生嚴重問題，據說處理起來少說也要一個禮拜。」志鴻苦著臉跟曉婷解釋。

「那孩子的媽呢？這種緊急狀況，不能回來接手嗎？」曉婷問。

「我哥說他問過了，孩子的媽在新加坡的進修還沒有結束，最快也要下週末才能回來。」

「天啊，那不就是把我當免費保母在用……」

「沒有啦，我哥特別交代，回來他會支付妳合理報酬，再說，我們不也撐過這三天了嗎？」

曉婷噘著嘴轉過身，但沒有進一步抗議，似乎也只能接受這突如其來的委託了。

—

跟志鴻交往一年多，曉婷大學畢業後暫時沒上班，之前到志鴻家玩時，就曾經說過，希望能在二十六歲前結婚、二十八歲前生小孩，因此，志鴻的哥哥一個禮拜前臨時碰到這種狀況，第一個就先想到志鴻跟曉婷。

志鴻的哥哥有兩個孩子，三歲半的姊姊香香、一歲的弟弟小寶，這次志鴻跟曉婷的任務就是照顧他們。

「你們不是說希望以後能早點生小孩嗎？這是累積經驗值的好機會喔！哈哈……」聽到哥哥在電話一頭的笑聲，志鴻覺得這幽默，有點不是時候。

「哥，你會不會太看得起我們啦？小寶才剛滿一歲，香香三歲半也剛唸幼兒園，我也要上班，怎麼做得到啦？」志鴻哀怨地說。

「不要小看自己喔，我們都是這樣過來的。基本上，小寶的作息我都列出細項了，食物、尿布跟奶粉也都準備十分充足；香香只要早上送她去幼兒園，傍晚請曉婷等娃娃車送回來就好。如果有什麼緊急狀況，香香以前的保母吳阿姨也住在附近，可以打電話向吳阿姨求救。」

曉婷鼓起勇氣說：「好吧，反正我現在沒有工作，就先試試看吧，既然以後也想生小孩，就當作實習囉。」

「曉婷，謝謝妳。妳想想看缺什麼東西，這次出去我一定買回來送妳。」

「大哥，謝謝你，不用那麼客氣啦，難得有機會幫忙囉……」

—

任務開始的第一天清晨，志鴻特地把鬧鐘調整到六點四十分響鈴，把孩子的早餐吐司抹果醬、牛奶溫好後，協助香香盥洗更衣、吃完早餐，就把她抱上安全座椅，開車送香香到幼兒園，路上香香問了幾次：「爸爸媽媽什麼時候回來？」但沒有哭鬧，還算配合，就這樣看似成功地過完第一天。

志鴻看了一下時鐘，時間是七點四十五分，往公司路上如果不塞車，應該可以準時在八點半之前打卡。

昨天晚上打PS4實在玩得太晚，再加上爲了送香香出門，已經好幾年沒在六點多起床，今天的早起實在有點累人，中午鐵定要找個會議室午休才行。

週一上午有兩個會議，會議空檔，志鴻打了電話詢問曉婷在家帶小寶的情況。

「小寶一直睡到八點才起床，睡醒之後，就忙著幫他換尿布、還換掉身上被汗浸透的衣服，再泡奶粉給他喝。可是一不小心打翻奶瓶，弄濕了上衣，所以九點多又幫他換了一次衣服。還有陪他玩了一下玩具，十點多，我就離開小寶一會兒，把哥哥事先準備好的嬰兒食品拿出來加熱……」曉婷說。「結果，發生一件事，我快嚇死了。」

小寶是個生長曲線都落在九〇％的巨嬰，這個年紀不僅會爬，還會自己站起來走幾步。幾個月前，哥哥買了一組嬰兒遊戲柵欄，裝在臥房門口，可以暫時把小寶的活動空間限制在臥房內。曉婷趁小寶玩積木時，悄悄把柵欄帶上，準備去廚房料理午餐，順便把冷凍肉品拿下來退冰。曉婷在廚房忙時，突然聽到東西翻倒的聲音，可是，明明地板裝了兒童遊戲軟墊，如果真有東西倒下，聲音也不會太大才是。

曉婷急忙洗了手，跑出廚房，走進臥室察看，沒想到門口的柵欄已經被拆開，小寶呢？小寶不在臥室！

「小寶，小寶，你在哪裡？」曉婷心急如焚地四處搜尋小寶的身影。把臥房的棉被、枕頭都翻開來看。沒有，還好，眞怕小寶被棉被給悶到了。打開衣櫃，也沒有，這麼小應該還不會玩躲貓貓吧？

「小寶，你在哪裡？」

走向進客廳，首先看了一眼大門，很好，沒有被打開；摸了一下門鎖，很好，門是鎖上的，曉婷心想：我在想什麼，這麼小的孩子怎麼可能自己開門爬出去？陽台呢？想起自己剛剛曬小寶的衣服時，陽台門沒關！曉婷立刻飛奔向陽台，結果什麼也沒看見，只有小寶的衣服隨著微風晃呀晃的。

「嘻……啊……吧……」這時聽到聲音，好像是從廁所傳來。曉婷三步併兩步直衝廁所，一進門就看到馬桶旁邊，有個巨嬰正伸手攪弄馬桶裡的水，整個地板都被水濺得到處都溼答答。馬桶內，幾塊積木載浮載沉地飄浮著，小寶看到曉婷後，發出了一個音：「ㄘㄨㄢˊ」便呵呵笑了起來。

曉婷幾乎是跌坐在地上：「你是說『船～』吧？」

聽到這邊，志鴻忍不住笑出聲：

「這小子何時學會逃脫術的？我看哥裝的那道柵欄根本已經無法關住小孩了。」

「你還笑得出來？我心臟都快停了。」

下午，志鴻正想把企劃案結束，才剛打開檔案十分鐘，手機就響了起來。

「喂？請問是陳先生嗎？是這樣的，我們在午休過後，班上進行唱遊課程時，香香不小心踩到同學的腳，失去平衡撞到了旁邊的牆壁。我們看了一下她的狀況，下面一顆門齒似乎有點鬆動，現在血已經止住了，不知道您是否想先帶她去看醫生？」

志鴻一聽，畢竟沒有看到人不知道狀況，只好回覆老師：「牙齒沒有掉嗎？好的，我待會兒過去先看一下狀況好了。謝謝老師。」

志鴻看一下時間，三點半，還是去學校看一下好了，先跟長官告假兩小時。不曉得這種狀況，神經比較大條的大哥會怎麼處理，但心想要是嫂子知道了，鐵定會第一時間衝過去。

—

帶香香看完牙醫後，回到家已經晚上七點了。一到家，就看到曉婷躺在客廳沙發上，用虛弱的聲音對志鴻說：「你終於回來了，我今天快累死了，小寶精力好旺盛，尤其是煮飯的時候，眞的不能分神。明天我要帶他出去消耗體力，不然，下午睡飽飽，晚上就不用睡了。小寶就換你顧一下吧！」

「我也很忙，好嗎？工作做到一半，又要去處理牙齒撞到的事情。搞到現在我都還沒吃晚飯。」志鴻嘆了一口氣，看著侄子跟姪女坐在地上玩著拼圖。

「叔叔，你看啦，小寶弄壞我的拼圖！」香香一邊忙著把小寶的小肉手撥開，一邊跟志鴻告狀。

「姊姊~哇……」小寶被姊姊一手推開後，則哇哇大哭。

志鴻卸下領帶，把拼圖推給香香，然後拿了另一組積木給小寶：

「來，小寶，我們玩別的，不要玩姊姊的玩具」。

「等一下，妳有聞到味道嗎？好臭，好像酸掉的優酪乳……。」

「恩，眞的耶，好臭，該不會是……你聞一下小寶……」

志鴻把小寶的身體轉過來，靠近小寶的屁股。

「哇，他的褲子，還有地板！天啊，妳給他吃了多少東西，尿布好像裝不下，屎都快滿出來了！快點！拿衛生紙跟拖把過來。」

「你把他抱到浴室直接洗比較快啦。」

「啊～」志鴻大叫。

「怎麼了!?」曉婷聽到志鴻大叫，也失聲叫了起來。

「天啊，我的襯衫跟眼鏡，怎麼現在還在噴？」志鴻說完，曉婷看到志鴻上半身已經呈現卡布奇諾色。

「蛤？你沒有確定他已經結束，就打開尿布喔？你抱著他的姿勢本來就很危險啊！」

一陣手忙腳亂後，幫小寶洗好澡，換好衣服，收拾好地面，已經九點了，志鴻才吃到第一口晚餐。

—

「妳昨天有睡好嗎？」

「沒有啊，你來試試看一整個晚上，手被三歲小女孩緊緊抓著，要怎麼睡？連平常看的韓劇都沒有辦法打開來看，想要起身去上個廁所，就有人馬上跟著爬起來，哭著要你回來。」

「我也幾乎沒有睡啊，小寶整晚翻來翻去，有時候還會哭幾聲，我不知道他到底是太熱還是太冷，被子也蓋不住。剛剛量了一下耳溫，好像是攝氏三十七·五度。這樣有發燒嗎？」

「攝氏三十七·五度？好像已經微燒了。怎麼回事？該不會是白天喝到廁所裡不乾淨的水吧？應該要帶去看醫生。」

「太扯了，小孩子怎麼那麼恐怖啊？我們真的能撐到哥哥回來的那天嗎？」

「對啊，帶兩個小孩，到底怎麼熬過來的啊？」

—

志鴻的哥哥解決了越南的問題，回到家，已經是六天後。

「天啊，你們兩個是怎麼回事，蓬頭垢面的，廚房流理臺的碗筷快要滿出來，地板也亂成一團，孩子呢？都睡了嗎？」哥哥問。

「不肯睡啊，現在還在房間玩。」

「哥，這幾天好像人間煉獄啊。……真不知道你們怎麼撐過來的？」

「啊？我還以為你們會勝任愉快。不是說想要早點結婚、早點生小孩嗎？」

曉婷一陣靜默。

「我想，我們可能要再討論看看。」

「好啦，從長計議。呵呵，辛苦你們了，曉婷，這是我特別買回來給妳的禮物，妳看看喜不喜歡。」

—

（三年後，一家親子餐廳）

「大哥，大嫂，怎麼這麼早就到了。」

「是啊，小寶跟香香在那邊遊戲區玩著呢！」大哥說。

「哇，看看這是誰？龍龍這個月就五個月大了吧？」嫂嫂湊過去看看曉婷懷裡的嬰兒。

「結果你們還是按照原定計畫決定生了，看來當時那一個禮拜的『震撼教育』，沒有把你們給嚇壞了？」大哥說。

「嚇壞還是有的，也弄得我們倆『身心俱疲』。但在任務結束後幾天，去喝下午茶，感覺好悠閒、好愜意，突然發現懷裡沒有小寶可以抱，晚上睡覺沒有牽著香香的手，聽著她再說一次『阿姨煮的麵好好吃』，倒覺得有點空虛呢！」曉婷笑著說。

「是嗎？哈哈，他們也說很想念你們。」大哥說。

「有這樣提早照顧孩子的經驗很不錯，而且是兩個不同年齡的孩子，也讓我們預先看到了即將迎來的挑戰。也認清養育孩子的過程，就像時時刻刻遭遇小行星撞擊的隕石一樣，雖然十分驚恐，跌宕起伏，但是看到孩子生病康復、開心的笑顏，有種難以言喻的成就感。」曉婷牽著志鴻的手說道。

「哈哈，你們歷劫歸來，經驗值大大提升了。」

「當父母跟做情侶真的是兩回事，愛是一種責任，也是一種歡喜的承擔。現在看著香香、小寶他們大手拉小手的背影，很感動。我也好想替龍龍生一個伴了！」

孩子生了就要養，可是有法源依據的。民法第一〇八四條第二項規定：「父母對於未成年之子女，有保護及教養之權利義務。」父母對於未成年子女，也有扶養的義務，且不因結婚經撤銷或離婚而受影響（民法第一一一六之二條）。

親權到底是什麼？

親權原則上由父母共同行使，例外像是雙方離婚後有約定，或是經法院裁判，才由父或母單獨行使，也是不可拋棄的權利。

而扶養義務與親權的歸屬無關，即便一方經約定，或被法院判定非親權人，父母雙方皆須共同分擔孩子扶養費，直到成年（年滿二十歲）為止。而扶養之程度，應按受扶養權利者之需要，與負扶養義務者之經濟能力及身分定之（民法一一一九條）。

所謂「親權」，應指對於子女身體之照護（包括住居所之指定、子女之交付請求權、懲戒權、子女身分上行為之同意權及代理權），及財產上之照護（包括法定代理權、同意權、子女特有及一般財產上之管理、使用、收益、處分權）之權利行使而言。

「責任」大過於「天倫之樂」

面對離婚時爭取「單獨親權」或「主要照顧者」的一方，我在內心深處其實對他們充滿敬意。

他們不選擇當一個假日會面交往時，只需要專心陪伴孩子育樂的父母親（往往得到孩子的喜愛），而是自願承擔孩子平日週一到週五種種辛苦的日常工作——小時候把屎把尿，學齡後則是每日要簽聯絡簿、盯著他們「功課做完了沒？」本質上絕對是「責任」大過於「天倫之樂」。

這些父母多半認為：雖然照顧孩子是一份辛苦的工作與責任，但睡前孩子純真開朗的笑容，是他們最欣慰的回報；如果你有一個這樣勇於承擔照顧孩子的夥伴，其實應該是給他/她多一些掌聲，勝於批評。

最後的尊嚴

”

婚姻是來自不同家庭、環境、觀點的結合，
也需要彼此的遷就與成全，
但總是一方成全另一方，
像是關係的天秤倒向一個方向，
傾斜久了，關係是否就會開始崩解？

“

阿傑是個老家在南部的孩子，大學在北部就讀，畢業後也就順理成章留在電子科技工作機會較多的北部討生活。

跟研究所時代的女友分手後，每天就是往返租屋處、捷運站、辦公室三地，日復一日的單調生活，可以說就是所謂的「科技宅」吧！

說起異性緣，在男女比例懸殊的科技業，認識女孩子的機會本來就不多，而這些「物以稀爲貴」的職場女性擇偶對象，也不會是外表樸實、個性木訥的阿傑。就這樣，晃蕩過了幾年，生日蛋糕上三字頭的蠟燭已經點了很多年，身爲獨子的他，無形的壓力也慢慢浮現。

每次跟南部母親講電話要掛斷前，母親總是欲言又止：「對了，那個，你啊，最近有沒有認識什麼女孩子呀？」阿傑總是不耐煩地回：「唉呦，妳每次都要問這個，反正有，我會跟你們講啦，不要再問了啦。」就這樣不耐煩地掛上電話。

—

終於，透過公司前陣子辦的單身聯誼活動，阿傑認識了一個女孩——小如。她的外表雖然不算亮眼，但是個性溫柔，約會時，也對阿傑很體貼，的確是個會照顧人的女孩。

交往了一陣子，小如知道阿傑週末常常一個人待在租屋處，便邀阿傑到家裡吃飯。小如的父母親也知道阿傑一個人在北部生活，家人不在身旁，總是對阿傑說，可以常常來吃飯，就當自己家。小如的爸爸還說，外面吃飯、看電影什麼都很貴，可以多來家裡約會，不花什麼錢。阿傑也感受到小如父母善意營造家庭和樂的氣氛，便更常往小如家跑了。

觀察小如跟她父母親的互動，可以感覺得出來，她是一個很聽家裡話的女孩子，不會忤逆爸媽的意思。但這也沒有什麼不好吧，阿傑聽朋友說，孝順善良的女孩也會是理想的相夫教子對象。所以，在交往半年後，阿傑就在小如的兄嫂、姊姊的慫恿、暗示、明示下，在一次小如家晚餐的場合，向小如求婚了。

—

婚後，丈母娘對阿傑說，小如的哥哥想搬到坪數更大的房子，原本哥哥買在娘家同一棟大樓不同樓層的房子，可以賣給阿傑夫妻倆，叫他規劃一下自己的財務，跟小如兩人把錢湊一湊買下那間房，以後兩人有了小孩，娘家還可以幫忙照顧。

阿傑心想自己工作了幾年，積蓄有一些，加上南部的父母親願意幫忙，因此就出了大部分的資金買下那間房。在還沒裝潢好之前，阿傑跟小如就繼續住在阿傑公司附近的租屋處，假日則常常回去小如家，至於返回南部老家，阿傑知道自己家遠，爲了體貼小如，就叫小如不用陪他，常常自己一個人長途跋涉回南部。

結婚不久，兩人有了愛的結晶。孩子出生後，小如住在月子中心兩個禮拜，爲了省錢，小如表示回到娘家讓媽媽照顧比較方便，阿傑也同意，因此，阿傑就過著週末去小如娘家探望妻兒的日子。

孩子出生要取名時，阿傑提出自己家中有族譜字輩的考量，想要命名某個字，但卻總難獲得岳家的支持。小如卡在中間，不知道該聽誰的好，也沒能幫阿傑說服自己的父親，不得已只好變成男方家取一個字，女方家也取一個字的折衷作法。自此，阿傑心裡不知不覺有點疙瘩，想來自己父母應該也不是太開心吧。

一

這年的農曆新年，孩子還不滿五個月大，阿傑原本想說服小如跟他一起回南部過年，但丈母娘跟小如的姊姊輪番告誡阿傑，說一般習俗認爲半年內不要讓小孩外出以防受寒，而且孩子還這麼小，最好不要如此奔波，想勸退阿傑帶妻兒回家過年的念頭。迫於無奈，阿傑只得自己拎著行李，回老家過一個妻子不在身邊的年。

回到老家，面對遠房親戚的連番詢問：「阿傑啊，不是娶了老婆、生了孩子？怎麼還是跟以前單身漢一樣，自己回來過年？」阿傑實在難以招架，大年初一的下午就躲進自己房間，打開筆電，打發時間。

傍晚時分，父親敲門進房想要跟阿傑聊聊：「阿傑啊，跟小如結婚之後，你的生活過得怎麼樣？」

「啊？就還好啊。爲什麼這樣問？」阿傑說。

「其實，今年過年沒看到媳婦帶著孫子一起回來，而且不回來也沒打個電話跟我們講一下，我跟你媽要說不失望是騙人的。」

「我知道你們一定會不開心，但是我一個人在她家，每個人圍著我說，孩子太小不要帶回家，連姐夫都說：『我從來都沒有要求姊姊陪著回我老家耶。』」

「姐夫？她姐夫是她姐夫，你是你呀。怎麼能相提並論呢？而且媳婦過年都不回夫家，這是最新的流行嗎？我越來越不懂這個社會了。」父親說。

「但我一個人實在沒有辦法說服她們全家。」阿傑無奈回應。

「唉，阿傑，你是獨子，小如應該要能夠理解我們的心情啊！」

「好啦，我再跟她講一下，看過完年，孩子也比較大了，找個時間再帶回來。」

「好吧！也只能這樣了。」父親嘆了口氣說。

父親轉身要出房之際，又回過頭來補了一句：

「還有啊，阿傑，當初你跟她哥哥買房，價位有沒有什麼問題啊？我前兩天跟一個當代書的朋友聊天，才知道要查『實價登錄』這件事。」

「這，我沒有想過耶，是自己人賣給我們的，應該不會有什麼問題吧？」

「我不知道，沒事啦，等下出來吃飯了。」爸爸說完就帶上門。

阿傑心裡總覺得怪怪的，於是打開實價登錄網站查詢了一下，赫然發現，大舅子當初賣給阿傑他們的房價，好像沒有比成交市價低，反而稍微超過行情。這令阿傑大吃一驚，當時價格也是丈母娘說了算，但怎麼哥哥賣房給妹妹、妹婿，竟然比跟外人交易的價碼高呢？

阿傑心中的疑問像雪球般越滾越大，但他不知道的是，後來發生的一切跟這些沒說出口的困惑都有關係。

—

過完年，回到北部，小如跟孩子依然住在娘家，在阿傑的媽媽不斷催促想看孫子的壓力下，阿傑只好開口對小如表示，父母想來北部住個幾天，順便看看金孫，不知可不可行。小如猶豫了半晌，丈母娘在旁聽到，面有難色對阿傑說：「住幾天會不會稍微久了點，小如要照顧孩子，又要侍奉公婆，你們的新房又還沒整理好。要不然看是否住個一天就好？小如也不會那麼累……」

也不知是否累積太多情緒，阿傑忍不住提高嗓門說：「媽，妳這樣講會不會太不公平？孩子出生以後，我父母親到現在都還沒親眼看到孫子一眼。過年也沒辦法讓他們看到小孩，好不容易我爸媽有機會上來北部，住個幾天有什麼問題？這房子不是我買的嗎？你們不用擔心房子整潔的問題啦，我會想辦法整理好的。」

一旁的孩子突然嚎啕大哭。

「阿傑，你不要這麼兇，都嚇到孩子了。」小如說。

一旁的姊姊也出聲：「阿傑，拜託，你怎麼會在媽面前說什麼公平不公平啊？我們家對你多好你應該很清楚，孩子也是跟你們家姓啊。媽只是提個建議而已嘛，沒有必要反應這麼大啊。」

「妳……妳說得好輕鬆，我都還沒講買哥那房子的事……」阿傑的火氣都快要衝上來了。

「阿傑，不要講那個……」小如一邊拉著阿傑，一邊小聲地說。

「什麼房子的事？什麼價格？」姊姊一副不問清楚不善罷甘休的模樣。但阿傑已經被小如拉出家門外，要他去便利商店買個東西再回來。

—

那天氣氛尷尬、不歡而散後，阿傑心中開始不斷檢討這些日子以來，到底自己家族有沒有獲得公平的待遇，而小如心中又是如何看待夫家的？只是，小如婚後眼裡仍然只有自己娘家，跟婚前似乎沒有什麼兩樣。

接下來的日子，阿傑常常藉故婉拒去小如娘家的邀約，兩人通話的內容也越來越簡短。後來阿傑的爸媽從南部來訪，但是小如在照顧孩子與公婆起居的雙重疲累下，再加上之前夫妻倆的齟齬，自然也擺不出好臉色。

孩子一天天長大，他們一家三口也搬進了新居，阿傑在「公平」的想法驅使下，多次向小如要求要帶孩子回南部，而小如總以要準備的東西很多、過夜很麻煩爲由表達難處，最後阿傑表示要自己獨自帶孩子回南部，讓家人看看孩子。

小如終於說了讓阿傑爆發的一句話：「孩子不是大人的玩具，要看的人自己來這邊看，我沒義務讓你那些親戚一定要看到小孩。」

阿傑一時沒克制住情緒，打了小如一個耳光：「妳說這什麼話？只有妳的家人是家人，我的家人就不是家人嗎？」。

小如負氣收拾東西，表示要搬回娘家，阿傑則搶下孩子的衣物，不讓小如離開。

雙方僵持不下，還揪著頭髮、拉扯衣服。最後，小如的家人趕到，並在警察到場處理下，讓小如帶著孩子離開。而阿傑則從此沒有再跟小如聯絡，心中雖然思念兒子，也對掌摑妻子一事非常懊悔，但礙於面子也難以啓齒道歉。

半年之後，兩人終於見了面，而這次見面，竟是某地方法院的家事調解庭。

相對於婆媳問題，現在許多家庭中，有許多是「北漂」的離鄉青年，也因此越來越常出現「岳婿問題」。

對原生家庭的尊重與包容

我無意否定任何娘家或婆家想幫助小夫妻的心意，許多娘家出於善意提供女兒就近、安心的照顧，成就了不少家庭的幸福與美滿，每個家庭情況本來不可一概而論。但當我們想想一個男孩或女孩長成之後，爲了愛情、爲了婚姻，要融入另一個家庭生活，本來就少有人能做到天衣無縫、毫不違和的境界。**無論是婆媳之間或岳婿之間，都該懷抱一個基本的觀念，那就是「對其原生家庭的尊重與包容」**。

別讓善意變成了遺憾

這篇故事的標題之所以用「最後的尊嚴」，其中「尊嚴」二字是取自在台灣目前大多數還是以子女從父姓的父系家庭觀念爲主，並非表示我有偏見，我個人並不認爲女方家庭就不需要考慮尊嚴。

只是，我們必須正視不少生兒子的家庭中，這樣的父系觀念仍然存在，依舊堅持著兒子成家立業生子，應該有讓他們發聲的空間，否則對他們來說，就是有欠尊重。

站在避免婚姻關係出現難以維繫的裂痕（民法第一〇五二條第二項的概括離婚事由）的角度而言，女方家庭對於小夫妻的照顧、協助，或是介入雙方的決定，有時必須做得更婉轉，或不讓人感受到半推半就的壓力，才不會讓一點點小小的誤會，因為不敢明說，而像滾雪球般越滾越大，最後讓善意變成了遺憾。

最後，那本來有權利享受雙親同時關愛的孩子，也因為父母間的心結無法化解，無奈地少了一方的關愛，而重建親子關係，又要花上多少的資源與心血？

她的為難

”

女人何苦為難女人，
在背叛的關係與情感之間，
你攻我防，是如何地不堪……
最後到底是誰贏了誰？

“

她之一

剛從大學同學會回到家，她請照顧自己孩子一整晚的保母早點回家休息，自己則輕聲走到孩子們的房裡。此時的房間燈光已暗，兩個孩子都已經就寢。她卸下耳環、項鍊，還有特別爲同學會準備的洋裝，臥房裡只有她一人，丈夫說這週要到深圳去跟一家廠商簽約。

第二天是週六。吃完早餐，已經六歲的大兒子苦苦央求開放家裡的iPad，玩上次看表哥玩得很起勁的線上遊戲。她耐不住兩個孩子的喧鬧，特准他們拿丈夫買來卻不常用的iPad，但說好遊戲時間只能一小時。

「爸爸的密碼是多少？我們要下載那個遊戲。」不到五分鐘，兒子跑來問她。

「iPad的嗎？應該是那個××××××吧？你們試看看。」好像就是他的生日跟英文名字縮寫的組合，她猜測。密碼一直就那幾個。

接著，忙著在廚房裡收拾善後。好不容易做完，她癱在沙發上，想拿手機滑一下FB的朋友動態。

兒子又跑來了：「媽咪，爸爸的iPad好慢喔，好像在下載什麼東西。」

「厚，你們很麻煩耶，爲什麼一直來問我？拿來，我看看。這……是在下載什麼東西啊？唉，是iCloud在自動同步下載照片啦！」她發現iPad確實慢到不行。

「你們剛剛有按什麼東西嗎？」

兒子說：「它就說什麼要不要同步，我們就按YES啊。」

「對啊，就是你們亂按，等一下……」她突然中斷跟兒子們的對話，眼睛睜大，不可置信地看著iPad裡同步下載下來的照片內容。竟然……

「媽咪，這什麼啊？怎麼有人沒有穿衣服？這個人是誰，好像爸爸喔！」

她趕緊起身把iPad拿離孩子們的視線，說道：「等一下，這個我現在要用。我拿另一支手機給你們玩。」

等孩子走遠，她都忘了自己有幾秒鐘停止了呼吸，眼睛盯著iPad不斷同步更新的照片跟影片。

影像中，一男一女雲雨交歡，男主角分明就是自己那個正在深圳「忙著簽約」的老公。前一分鐘她還猶如靈魂抽離，想假裝不是自己的事，心想：「天啊，這男人也太蠢！」自己竟然把自己偷腥的影音證據存檔下來，還讓自己的手機同步到這台

iPad上？下一分鐘，靈魂歸位，卻發現自己已經淚流滿面，差點要把iPad砸爛，還好馬上又恢復理智：不行，這可是重要證據，我要告死這對狗男女！

—

她之二

接到開庭通知的傳票，她已經一個禮拜都睡不著覺。主管那時親自走到她的座位來暗示，跟老闆婚外情，還被老闆娘一狀告上法院，公司還收到法院給她的傳票，她能繼續待下來也是奇蹟。她不是聽不懂暗示，於是當天下午馬上提出辭呈。

現在已經待在家裡好幾天不敢出門了，也不知道是否能再跟他聯絡。接到他最後一則LINE訊息是三天前：「聽說妳收到傳票了？我也是。要不要出來談一談。」本來天人交戰要不要出來見面，但又怕LINE上聯絡，會被檢察官說「串供」，她聽朋友說檢察官有時候開偵查庭，會向當事人借用手機，然後便把手機扣押，LINE的資料還可以用還原程式，看已經刪除的簡訊。

她也想談。不知道訴訟上要怎麼「應對」，該說什麼才好，兩人說的會不會南轅北轍。於是，透過朋友找了一個據說辦刑案算有名的律師諮詢。

「妨害家庭喔？這種案子，安啦！我接過的案子沒有一個告得成。」髮油抹得有點多的這位律師抽著菸說道。

「眞的嗎？可是，律師，我們做那件事有被拍下來，可能有點『罪證確鑿』耶。」

「什麼叫罪證確鑿？我辦過那麼多通姦案的案子，連現場去抓姦的，很多最後都不成立啦，法院判有罪的門檻多高啊！沒抓到接合的瞬間，是不會成立的啦。」

「可是，律師……」她一五一十地跟律師說了，包括影片裡有什麼畫面，細節拍得多清楚，老闆娘怎麼差人秀給她看那幾段影片跟照片……他也實在很蠢，愛自拍又不會用手機，怎麼會讓手影片跟照片傳回家裡的電腦，眞是蠢・爆・了！

律師遲疑地說：「那不好意思，可以讓我看一下影片有多清楚嗎？」

她把部分影像給律師看過之後。律師半餉說不出話來：「這，我眞的第一次碰到，證據上這麼明確的。算了，妳要認罪嗎？我可以陪妳去開庭。費用就算妳便宜一點好了。」

「好啊，還是拜託律師了，我怕自己出庭會說錯話。」

其實，還有一件事，她還沒有跟律師說，這個月的生理期已經遲來一個禮拜了，不過，她心想，好像初次諮詢就跟律師說這個有點唐突，於是付了律師費的訂金後就離去。

—

她之三（三個月後）

這是去地檢署過後的第二個月了。聽律師說，檢察官大概認爲證據確鑿，很快就會對她起訴了，接下來只能到法院來答辯。所以，這回她站在法院刑事庭門口，戴著口罩跟墨鏡，不希望被認出來。只是，還是免不了被庭務員大聲唱名，法庭門口的螢幕上秀出「妨害家庭」的案由，雖然可能根本沒什麼人會注意到自己，但心裡還是不免覺得有點慌張。

開庭時，穿著藍色滾邊法袍的法官很年輕，法官問了她的年籍資料、法院文書的送達地點，她當然不希望家人知道這些事情，於是律師對法官說，請法院把通知單和判決書都寄送到律師那邊去。

宣讀完她被起訴的罪名，還有訴訟上的相關權利，法官問有沒有收到起訴書、有什麼答辯，坐在一旁的律師請她自己說，但是她太緊張，一句話也說不出口。摸著漸漸隆起的肚子，她感到一陣噁心想吐。

看她沉默不語，法官就問：

「檢察官起訴妳的是妨害家庭，也就是刑法第二三九條後段的相姦罪，最重是一年的有期徒刑，妳知道嗎？妳不能點點頭而已喔，妳要說話，我們在錄音。」

「我瞭解。法官，對不起，我身體不是很舒服。」

「那我們能繼續開嗎？很快幾個問題就好，也許只要十分鐘。」

「好，那法官請繼續。」

「那，我想問妳，影片跟照片裡的女子是妳嗎？」

「是，是我。」

「這些影片跟照片是發生在同一天嗎？因爲我看影片跟照片後面的場景很一

致。」

「是，應該是。」

「那，有一個重要的問題，我想問妳，這個影片跟照片發生的地點是在哪裡？」

「我，我忘記了，有時候會在旅館，有時候會在我家。」

「在旅館？哪裡的旅館？是台灣的旅館嗎？」

「我不記得了耶。」

「來，我給妳看一下影片，來，法警，請把法庭的門關上，這段程序我們不公開進行。這些影片我開庭前就看過了，不過，還是要請妳確認一下一些事情。」

「書記官，請播一下第二段，然後轉到第二分三十秒處。把音量轉大。」

把音量轉大？她不明瞭，當庭要重播這些畫面已經讓她不自在了，還要讓她更難堪？這位法官是有什麼問題嗎？她急忙用眼神向律師求救。

「報告庭上，我們的當事人其實是想認罪的，還有必要當庭勘驗光碟嗎？」律師起身道。

「現在不是勘驗光碟，有一些先決問題要請她協助釐清。」說完，書記官的電腦已經傳出影片的聲音，她感到雙頰漲熱，很想找個地洞鑽進去。但法官卻要大家注意一個聲音。

「來，妳們聽一下，影片中的背景聲音好像是某家新聞台的聲音，但不是台灣一般的新聞台。」

她聽到了似乎是一位新聞主播在播報中國某地方的新聞，但用的是香港式中文。這個地點應該不是她在台灣的家，她家只是一般的地方第四台，沒有裝衛星頻道，也沒有裝什麼坊間很流行「××盒子」之類的影音硬體。

「聽起來有點像是香港或大陸的新聞台，我在想，你們有一起去香港、澳門或大陸開房間嗎？」

她說：「我不確定，但確定不是在我家。有可能在香港，因爲張先生有時候去香港出差，會跟我分頭前往，我就去他下榻酒店找他。」

「你們在香港都住什麼飯店？」

「好像有四季酒店，也有東方文華。」

法官說：「這個你跟你的律師再研究一下，從這個房間的陳設，你們應該辨識一下是哪家飯店。」

法官轉向辯護人還有對面坐的檢察官說：

「檢察官還有辯護人，本件的犯罪行爲地似乎牽涉到本院有沒有審判權的問題，所以，本院依職權先就此一部分爲調查。如果犯罪行爲地是香港或澳門的話，可能有香港澳門關係條例的問題，請兩造庭後再提出意見。我們今天的程序就先到此，先候核辦。」

候核辦？什麼意思，她不太懂，不過從字意上就是之後「再看著辦」？不是今天就可以認罪掉，然後改簡易判決嗎？律師是這樣告訴她的。

在此同時，她瞄了一下對面檢察官好像忙著翻桌上的法典，臉色變得有點難看。回頭看自己的律師，走出法庭之際，律師似乎也忙著滑手機，似乎在查什麼法律條文。最後，伸手拍了拍額頭，說：「對耶，怎麼沒想到。」。

「怎麼了嗎？律師，這是什麼意思啊？對我是好事嗎？」

「來啦，我告訴妳，妳回去跟我說這是香港哪家飯店，就解套了，我早就說妳這案子沒事的嘛！」律師自顧自地笑著往前走，她完全不懂律師到底在說什麼，這律師靠譜嗎？她不知道。不過朋友跟自己說，刑案有時候也很講究運勢的。

她之四（六個月後）

前幾個月聽到那個小祕書竟然被法院判了一個什麼「不受理」的判決，她也不懂，反正就是刑事告不成的意思。她簡直快氣炸了。但昨天跟一名資深員工吃飯，聽到一件特別的事情。

「老闆娘，其實有件事，我一直不知道該不該跟妳說，但我覺得如果不說，我良心會過不去。」

「什麼事？別賣關子，趕快說。」

「就是啊，之前那個小祕書的事情。因爲另一個同事還是她臉書上的朋友，所以知道那個小祕書生了一個兒子。」

「生了兒子，她跟誰生？」

「不知道。離開公司後，她後來好像結婚了。但是，聽說婚禮上就已經穿得很寬鬆，可能是在遮掩肚子吧？」

「喔？那應該是帶球結婚，這樣的話，小孩子也不一定是那個新郎的吧！」

「不知道耶，老闆娘，我不知道該怎麼說比較好……因爲，如果不是那新郎的，就是……」

她把眼神撇向另一邊：「停！我知道妳要說什麼，不用講下去了。有那個小孩的照片嗎？」

「小祕書自己臉書上沒有放，但是同事去探望她時，拍了一張照片。同事有傳給我看。」

「來，照片我看看。」

資深員工拿手機給她看那男嬰的照片，她一看，大驚失色。

「這……倒八字眉，微微的鷹勾鼻，天啊！太像了。」

「對啊，我也覺得神韻很像，才跟妳說的。」

她眞的不知道該說些什麼。

—

她之五

沒想到這麼快又收到地檢署的傳票了。但是這次出庭，她其實有預感應該還會再來法院一趟，在醫院生下這孩子之後，她就想到會有這一天。

開偵查庭的這天，她聽檢察官說，對方知道她生下一個小孩，振振有辭地說這小孩長得跟老闆太像，有太多相似的特徵，一定是老闆的種，由此可以證明，她跟老闆通姦。而且就時間推算，這段期間他們沒有出國紀錄，去香港的影片跟照片是更早以前的事了。

她跟律師決定這次抵抗到底，畢竟，現在的先生跟夫家，一直以爲這個孩子是他們家的孩子。假如眞的判決下來，她要怎麼跟現在的先生交代？

「檢察官，我們認爲，告訴人不能只因眉型相似就當作認定通姦的證據，而且什麼鷹勾鼻，從照片裡我完全看不出來這小孩子有什麼鼻樑可言啊！」她的律師激動地說著。

「辯護人，那關於對方聲請跟這孩子進行DNA血緣鑑定，你們同意嗎？」

「我們當然不同意啊！難道社會上隨便一個路人甲都可以說乙跟丙通姦，然後告到地檢署來，就要乙去跟小孩子驗DNA嗎？這有顧及我們的人性尊嚴與人格權嗎？」

「好吧！關於被告是否需要帶子女去驗DNA的問題，我之後再發函通知兩造。你們都可以請回了。」

走出偵查庭後，律師跟她說：「這次真的有把握，對方應該沒權讓妳孩子去驗DNA，我們沒有配合的義務。」

「那就好。」

「不過，私人問妳一個問題。妳先生知道妳被告這件事嗎？這會影響妳跟妳先生的關係嗎？」

「不知道。如果有這一天，我也會做好心理準備。」

關係解憂相談室

Q：檢察官可以強制命令進行DNA親子血緣關係鑑定嗎？常有人提出疑問，因為第三者的孩子出生後覺得長相「激似」自己另一半，認為對方涉犯刑法第二三九條後段的通姦罪（或相姦罪），可以要求檢察官強制令對方的孩子，與另一半進行DNA親子血緣關係鑑定嗎？

A：一般來說，檢察官可能不會准許對嬰兒做DNA鑑定。為什麼呢？檢察官偵查犯罪調查證據應該有權限做一些強制處分，那為何檢察官的偵查權力在此會遭到限制？要瞭解這個問題，我們先簡單說明一下刑事訴訟上的「不自證己罪」原則。

什麼是「不自證己罪原則」？

簡單來說，也就是字面上可以推敲出來的——我的罪不該是由我自己來證明，那麼該是誰負舉證責任呢？是指控我的人，在公訴時，就是檢察官。

法治國家爲保障人民，任何人未被證明有罪之前，都被推定無罪。一言以蔽之，就是任何人都沒有義務積極證明自己有無犯罪，犯罪之證明責任在於檢察官。

而我國最高法院也有對不自證己罪原則作出解釋，「刑事訴訟法規定被告有緘默權，**被告基於不自證己罪原則，既無供述之義務，亦無真實陳述之義務，同時不負自證清白之責任**，不能因被告未能提出證據資料證明其無罪，或對於被訴之犯罪事實不置可否，即認定有罪」。

那有人會繼續問：「這樣是不是說被告在刑事訴訟，中有權利可以說謊？」

其實更好的理解方式是：**被告沒有義務坦承自己的犯行來協助檢察官舉證**。但是反過來說，如果被告被抓到沒有說實話，這樣說謊的態度當然可能會被評價是犯後態度不佳，就更可能會影響刑度高低。

通姦罪：相關法律似未授權強制採樣ＤＮＡ

由於《去氧核醣核酸採樣條例》（下稱《ＤＮＡ採樣條例》）第五條所規範可以進行強制採樣的罪名，不包括刑法妨害家庭罪章中的通姦罪（只包括違反他人意願的性侵害、妨害性自主案件，及其他較重的案件）。所以，此一新修規定更限制了檢察官對通姦罪的犯罪嫌疑人採樣ＤＮＡ的權力，除非得到本人的同意。

所以，**檢察官基本上無法依告訴人的要求，強制讓被告把自己的子女帶去做DNA親**

子血緣鑑定，屬於「不自證己罪」之原則的展現。但實務上，有些檢察官也許會發個公文（函）給被告，要被告自己去驗DNA，看「瞎貓會不會碰到死耗子」，有些被告可能擔心若不去做有什麼後果。但是事實上，若未依照公文指示去驗DNA，檢察官恐怕無法依照「抗拒依照公文去做DNA鑑定」一事，就直接認定「心虛，一定有通姦」，這樣的推論刑事庭法官是不會買帳的。

簡言之，因為不自證己罪原則，以上案例中的女祕書是不需要主動、積極地去證明男嬰「是」或「不是」董娘老公的小孩，而應是由告訴人去提供相關事證讓檢察官起訴，由檢察官負刑事訴訟上的舉證責任。

Q：家事法庭得否強制當事人去做DNA親子鑑定？

A：家事事件法第六八條

未成年子女為當事人之親子關係事件，就血緣關係存否有爭執，法院認有必要時，得依聲請或依職權命當事人或關係人限期接受血型、去氧核醣核酸或其他醫學上之檢驗。但為聲請之當事人應釋明有事實足以懷疑血緣關係存否者，始得為之。

命當事人接受前項之檢驗，應依醫學上認可之程序及方法行之，並應注意受檢驗人之身體、健康及名譽。

法院為第一項裁定前，應使當事人或關係人有陳述意見之機會。

何謂進行DNA親子鑑定？

撇去刑事案件中有關DNA親子鑑定的舉證責任問題，在此補充說明民事體系中家事事件裡對DNA親子鑑定問題給大家參考。

家事事件法施行以後，針對這個問題給了明確的法律依據。我們看到法律上已經將親子血緣鑑定的強制性，區分爲「未成年子女」及「成年子女」來規範，看得出來是針對「身分關係眞實性」與「身分關係安定性」兩方面的利益權衡，在此分別說明如下：

1. **成年子女：**

因爲子女已經成年，可以說牽涉到第三人的親屬關係、相關權利義務（如扶養義務、）繼承權利）都已經大勢底定，如今再去改變親子關係，恐影響其他法律關係的「安定性」。所以，法律在此將法院的權限限縮的較緊，由家事事件法第六八條第一項前段的反面推論可以知道，**法院不能強制成年子女去接受DNA血緣鑑定**。

但如果法院還是發函請當事人去進行鑑定，而當事人不遵守會怎麼樣？法院仍然可以依照「證明妨礙」的法理，或斟酌「全辯論意旨」去判斷，也就是法官可以依照案件中提出的其他間接證據、當事人不願意或拒卻鑑定之具體理由，是否正當等狀況去做判斷。

何謂「證明妨礙」？就是當一項關鍵證據的取得，只能透過某一方當事人來取得，但那方當事人在程序上刻意不配合取證或提出證據。那法院該怎麼辦？具體規範可以參考民事訴訟法第二八二之一條，它的法律效果簡言之，就是「當事人妨礙他造對證據使用之行爲造成證明不可能或困難，法官得依自由心證認他造關於證據之主張爲事實」。

也就是法院可以依照所謂的「全辯論意旨」或「證明妨礙」的法理，也就是依民事訴訟法第三六七條準用同法第三四三條、第三四五條第一項規定，將「拒絕進行鑑定」這件事納入考慮，綜合兩造提出全部的證據，去做判定。

著名案例就像：王永慶非婚生子女案，羅家三姊弟請求確認親子關係存在，原告（羅家）與被告（王家）間之血緣鑑定爲應證事實之重要證據，但王永慶之繼承人（均成年）不願做DNA血緣比對，而在家事事件法施行之前，法院用上面所說的法理，佐以其他證人證詞，認定羅家三姊弟所主張爲眞實。

台灣台北地方法院九十七年度親字第一八三號判決：「惟依民事訴訟法第三六七條準用同法第三四三條、第三四五條第一項規定，法院得以裁定命被告提出該應受之勘驗標的物，被告如無正當理由不從提出之命者，法院得斟酌情形認他造即原告關於該勘驗標的物應證之事實爲眞實，即受訴法院得依此對該阻撓勘驗之當事人課以不利益。」

2. **未成年子女：**

當事人是未成年子女時，因爲親子關係與其他牽涉到的權利義務，只發生了數年，還不能說已經「大勢底定」，因此考量到人倫關係、權利義務安定性的保護必要較低，所以**家事事件法第六八條第一項前段規定，法院在認有必要時，得依聲請或依職**

權命當事人或關係人限期接受鑑定。

但前提是，**當事人還是得提出足以釋明懷疑有血緣關係的事實**，不能隨隨便便就要第三人去進行鑑定，例如：雙方過去曾交往的證據、曾經扶養該子女的事實、與該子女有明顯的身體特徵相似等等。

那如果法院發函了，當事人還是拒絕去做了，會怎麼樣？針對親子鑑定議題上，實務見解也透露出**證明妨礙**的法理（如：最高法院九十一年台上字第二三六六號民事判決）：「……此親子血緣鑑定必須被上訴人本身參與始可，如需被上訴人之血液等，亦即勘驗之標的物存在於被上訴人本身，而被上訴人拒絕提出時，雖法院不得強令爲之，惟依民事訴訟法第三六七條準用同法第三四三條、第三四五條第一項規定，法院得以裁定命被上訴人提出該應受勘驗之標的物，被上訴人若無正當理由不從提出之命者，**法院得審酌情形認他造即上訴人關於該勘驗標的物之主張或依該勘驗標的物應證之事實為真實，即受訴法院得依此對該阻撓勘驗之當事人課以不利益。**」

那因爲目前已經有家事事件法第六八條的規定，拒絕法院認爲有必要的DNA親子鑑定，法院已經不用繞條路去準用民事訴訟法，可以直接依照違反家事事件法第六八條的規定，認定證明妨礙，搭配其他證據，可能較容易導致法官認定出有血緣關係的判決。

Q：另外，還有一個家事律師最常被問排行榜上榜上有名的問題，通姦罪要告真的這麼難嗎？

A：真的頗難。很多律師都認同對於通姦罪提告的案子，證據要準備到非常罪證確鑿才可能成立。這是因為實務上廣為採取的見解是，刑法第二三九條規定之「姦」字需要男女之間的性器官相接合，才能成立。

到底有多難？我們從法院認爲「姦」又與刑法第一〇條的「性交」的定義不同，而在刑法第一〇條的性交，新法的定義都已經廣及「以身體其他部位或器物進入他人的性器、肛門」的行爲，也就是口交、肛交都可能成立妨害性自主罪。但男女相約在旅館內，只進行口交，指交，但就是沒有性器接合的性交，依大部分實務見解都認爲不會構成通姦罪（還是有少數法官認爲口交可以構成通姦罪），由此就知道告「通姦」或「相姦」有多難了。

但通姦罪要保護的法益，其實是「婚姻與家庭制度之倫理價值」、「夫妻雙方之情感及信賴等關係」，那爲何反而將要件限縮得那麼嚴格呢？從破壞婚姻關係的角度而言，「十分堅定的精神外遇」跟「沒有感情基礎的嫖妓、買春行爲」，哪個破壞婚姻的忠貞、信賴較嚴重呢？其實是前者吧，但是前者卻不會構成通姦罪，後者反而會。這又讓我們思考，感情上的波折，用國家的刑責去介入處理，是否爲一個適當的機制；而婚姻契約的違反，是否應以民事損害賠償的方式處理即可滿足？

從證據的蒐集上，告訴人也是要付很高的舉證責任，光是跑到旅館去拍到兩人衣衫不整，垃圾桶中有體液沾黏的衛生紙，實務上都還不見得有辦法告得成，鮮少有人能證明到性器接合的直接證據吧！所以，除非眞的有被告的承認證據，再加上豐富的佐證，否則通姦罪要告成眞的很難。

通姦罪的法律程序是什麼？

通姦罪是告訴乃論罪，**也就是告訴人對於犯罪偵查的開始與結束有決定權，告了才能查，不告則不查。**首先，必須說服檢察官證據足夠並起訴，起訴之後才由法院法官來做審判是否成立犯罪。

刑事庭的開庭會有準備程序與審理程序，被告必須親自出庭，但可以請辯護人陪同，檢察官也會蒞庭進行攻防。而準備程序是先聆聽被告的答辯要旨——認罪與否，有關起訴範圍的確定，以及被告與檢察官雙方有無證據需要調查、調查的順序爲何。

而訊問證人則會留到審理程序中進行，主張無罪或不認罪的案件，都是需要三名法官組成的合議庭進行聽審。調查證據完畢，才會進行最後辯論，然後宣判。

這類案件會公開審理嗎？

一般來說，妨害家庭的案件，跟一般的刑事案件無異，都是公開審理的。但是，在如同實例中所說的勘驗性愛的錄影時，因爲有過度公開隱私的疑慮，法官可以考慮依照法院組織法第八六條規定，認爲有妨害善良風俗之虞，決定不公開審理。

「候核辦」是什麼意思？

實務上，法官在案件還有其他前提需要調查，或向其他公務機關確認或調卷，或是等待兩造提供事證時，法官可能會在開庭最後諭知「候核辦」，也就是等候通知再辦理的意思，這不代表案件終結，只是還有其他事情不用開庭處理。不過，如果案件擱置太久沒有進行（超過四個月，這是一般法官應進行案件的時限），當事人可以請律師或是自行向法院詢問進度。

可以單獨對配偶撤告嗎？

可以。刑事訴訟法第二三九條規定（條號巧得是跟實體條文一樣），可以單獨對配偶撤告，而不對相姦者（第三者）撤告。一般來說，告訴乃論的罪，對一個被告撤告，就對全部共犯發生效力，全部撤回。但是，通姦罪是這裡唯一的例外，在有婚姻關係中，對配偶撤告，效力不及於相姦人。因爲這是法律爲了保護婚姻關係的設計，認爲如果告訴人仍有意維持婚姻關係，可以單純對第三人追究，而不對配偶追究。

反面解釋，如果離婚了，還要對前配偶（前夫或前妻）撤告，那就要小心了，因為這時已經沒有婚姻關係要保護，所以就回到告訴乃論之罪的原則，對前妻或前夫撤告就會對相姦者也撤告，這是實務上很多人，甚至連律師也會發生的錯誤。

為何案例中會不構成通姦犯罪？

案例中兩人發生性關係的地點如果證明在香港，依照「香港澳門關係條例」第四三條規定，台灣地區人民犯的如果不是刑法第五條及第六條各款之罪，且非重罪（最輕在三年以上的罪），因爲刑法第二三九條通姦罪最重刑度只有一年，並非重罪，所以台灣人如果在香港犯通姦罪，我國法院對此犯罪行爲並沒有審判權，因此依照刑事訴訟法第三〇三條第六款規定，應該爲不受理之判決。這是因爲沒有審判權，所以不能爲有罪判決，而並不是因爲證據不足而爲無罪判決。

婚姻冷暴力

”

人生很長，婚姻也是。
曾經以為婚姻是輕盈、美好的形狀，
經過一路上的辛酸跟波折，
變得越來越沉甸。
而兩人的關係就像座天秤，
什麼時候開始傾斜卻不自知，
或一再容忍，終致無法負載，最後頹圮呢？

“

小瑜坐在床邊，看著所處空蕩蕩的房間，地上有幾個紙箱堆疊。

她心想，如果結婚前的少女時代是第一人生，進入婚姻是第二人生的話，那麼現在開始，就是自己的第三人生了。終於下定決心，搖醒麻痺的自己，拿回自己的自由、經濟自主權，還有那個遍體鱗傷的尊嚴……。

小瑜回想當初跟另一半原本是廣告公司的同事，在同一個團隊的第五個年頭，其他夥伴都陸續走了，只有她跟他留下，也就理所當然在一起了。

這麼說起來，好像也不是什麼浪漫的戀情。但是，在知道小瑜懷了他的孩子時，那是他最殷勤的時光，整個人都散發著光芒。她的工作都被他攬下來做，也常在情人節、生日買花或蛋糕慶祝，週五晚上也會提早訂票，讓兩人去看場期待已久的電影，或是共享一頓浪漫的燭光晚餐。

後來，老闆的業績欲振乏力，要養得起這兩位資深員工已經有點困難，他提議兩個人自立門戶，一起去另外開間設計公司。

於是，他說服小瑜擔任公司負責人，資金他來想辦法，小瑜認爲自己的專業能力不是問題，但擔心業務怎麼辦。但他拍拍胸脯打包票，說一切包在他身上。

起初，靠著幾個過去的客戶賞光，設計公司的生意算是勉強過得去。接著，他緊盯政府採購的公開資訊，抓住了幾項標案甄審者的胃口與需求，標下了一些大案子，順利地讓公司在激烈的競爭之下存活了下來。因爲在業務上小有斬獲，他對於找錢這塊領域越來越有興趣，也學會了運用網站、網路廣告等管道，大大提昇公司的名氣。

不僅參展，也有人找他開了一些講座，甚至被推崇是設計界一顆新星。而自家的設計公司生意越來越好，也陸續請了幾位年輕助理，但小瑜仍然是最可靠的資深設計師。

因爲業務是他拉的，公司跟家庭的開銷也都由他來負責，小瑜幾乎不用擔心錢的事情。「這樣也好，他說我從年輕時就一直都不是管錢的料。孩子也還小，需要我專心去照顧。」小瑜這樣說服自己。

手頭不再緊縮，小瑜卻發現他陪伴家人的時間越來越少，他開始把多賺的閒錢拿去投資股票，而且廢寢忘食地花在研究股市的選股策略上，甚至跟一些網友成立了選股社團，在聊天室往往一聊就到三更半夜。以往設計師那個文青靈魂不見了，取而代之的，是早晚盯著大小螢幕，隨著或紅或綠的股市同喜同悲的投機份子。

他買的股票大漲時，說話時臉上都帶著笑，小瑜和兒子那幾天的日子就會過得充滿粉紅泡泡。但並不代表要他拿出錢給孩子買雙鞋，或是孩子上才藝課要請款時，就會心甘情願。這種時候他總是碎念著小瑜不知道省錢，給兒子上那些有的沒的課程。

小瑜總羨慕臉書上的朋友，曬著一家出國度假的照片，於是試探性對他提起出遊一事，總是被以「案子正忙」「要存錢買更大的房子」「爲了更長遠的大局著想」等理由拒絕。

當股票跟著大盤一起崩跌時，小瑜就會見識到他那越來越嚴重歇斯底里的情緒，他會對著螢幕碎念、搥鍵盤、摔平板，像是變了個人似的。那幾天最好別跟他說話，「走開！不要管我。」「都是妳們在旁邊讓我心煩，我才錯過時機……」「廢物，妳們不知道賺錢有多辛苦」。

後來，小瑜回家前都會先瞄一下股市新聞，看看今天是漲是跌；若是遇上股市大跌。聽到他回家的開門聲，全身就會莫名地顫慄起來，他一進家中，小瑜就儘快帶著孩子躲進房間，以免踩到地雷。

小瑜有時假借外出洽商，偷得一點跟老友相聚的時間，大家都很驚訝於她現在的生活跟他的改變……

「什麼？妳這十年來一直都沒領薪水？」老友快把一口咖啡噴出來。

「他說這公司就是妳的，有什麼必要領薪水？所有的錢都是我付，還不夠嗎？」小瑜無奈地說。

「那也太誇張了吧？妳如果有拿薪水，現在累積，也上千萬元不止了吧。」

「沒辦法，他這個人，你跟他吵，他就會用那高高在上的姿態跟妳說，妳什麼都不懂，這公司靠得是他找業務，投資的事情也是。妳叫他不要玩股票，他就會開始講那一堆投資經，什麼『錢要是都放定存，就等於是敗給通貨膨脹』『人不理財，財不理人』之類的話術。」小瑜對他所說的話，都背得滾瓜爛熟。

「你們這幾年好像都沒有出國？」老友問。

「出國？別想了，他是個工作狂，老想著賺錢，逼我也跟著他一起不能休息。我連跟他要求去趟墾丁，都是講了好幾年才去了一次三天兩夜。」小瑜說完，看到手機響起簡訊通知，拿起來螢幕上寫著「妳在哪裡？快點回來，文化部那個案子今天一定要送出去」。

「妳看，他沒看到我兩個小時，馬上就急急如律令來催了，我半小時內沒有出現在辦公室的話，晚上大概又要被唸『沒有責任感』了。」

「妳這樣怎麼撐得下去？」老友皺眉道。

「還好，撐不下去再來投靠妳囉。」小瑜無奈地拿起包包走出咖啡廳。

小瑜後來發現他數落自己「工作效率越來越差，對公司的貢獻度越來越少」的次數增加了。曾幾何時，自己，一個妻子，他孩子的媽，同時也是他工作上的合夥人，幾個交疊的身分，對他來說，重要性不是以感情來衡量，而是以「貢獻度」來評斷的。

在被認定貢獻度下降的同時，在男性的自尊心/成就感量表上，小瑜發現自己也不再是那個會崇拜他的年輕女孩了，但他似乎還享受著那種被崇拜的感覺，無論是在設計公司的地位上，或是股市明牌的社團中。

有次公司聚餐時，一個年輕的助理妹妹摸著肚子說自己吃不下了，小瑜眼見他搭著助理妹妹的肩膀，笑鬧說著：「老闆幫妳吃掉。」接著，竟然在公司同事面前，把助理妹妹吃不完的義大利麵吃完。那一瞬間，小瑜感到一陣噁心想吐，跑到廁所去洗把臉後，藉口身體有點不舒服，先跟同事道別回家。

又過了幾天，小瑜整理家中統一發票時，無意間發現兩天前他說晚上要在公司加班的時段裡，竟然有一張停車場的發票，但那並不是公司附近的停車場，而是一棟大樓的附設停車場。奇怪的是，一個禮拜前也有同樣一張發票。小瑜到公司查了一下，發現那位助理妹妹到職所填的通訊地址，就在那棟大樓裡。

小瑜知道這一天終於到來，她知道他不是那種會投入精力，在另一段長久愛情的人。他沒那麼多愁善感，更可能的是，這麼多年來，他愛的只有自己，自己的名聲，或是享受那種被崇拜的感覺。而其他人，包括妻子也好，子女也好，甚至崇拜他的女孩們，都只是他功成名就、美好人生的一些必要配備。

小瑜選了一天，要他提早下班回家跟他談。她說受不了這樣的日子，一起生活只有壓迫，開心不起來，她想離開，帶著孩子先搬到外面去住。

他生氣地回：「妳不能走！公司現在案子這麼忙，那些妳該負責的，妳要把主視覺生出來。妳還是公司負責人，要是我們這些案子履約期限到了，沒有辦法完成，妳可是公司負責人，拿什麼賠給人家？」

「我不管，你去想辦法，反正你錢夠多，可以多請幾個人。」小瑜說。

「好啊，妳鐵了心要走，是不是？我早就覺得妳對公司、對這個家一點貢獻都沒有了。要走可以，小孩留下來，我請外傭來帶，反正本來孩子妳就帶得不怎麼樣。這個家不是妳說來就來，說走就走，請妳不要再來打擾我跟小孩的生活。」

小瑜哭著收拾自己的行李，她覺得現在要把孩子一起帶走，是一件太困難的事，她只能先把自己從快要窒息的生活中拯救出來，以後再考慮孩子。

下一步，她知道自己必須找到一個法律專家，爲她這十年來遭虧欠的經濟權利著想。另外，怎麼樣能夠爭取到跟孩子一起生活，或至少能有跟孩子見面的機會，是她在內心裡，答應孩子一定要做到的事。

遭受到家庭冷暴力的婚姻一方，往往長期在經濟、家庭中，甚至情感依賴等多種束縛下，縱使再多人提點，都難以抽身，只有在遭到情感上、經濟上的背叛或剝奪之後，才會在事後突然覺醒，最後才理解「錯的是他，不是我，這麼簡單的事，爲什麼當初沒有早點發覺」？

巧妙傷害人心的精神暴力

至於「冷暴力」的定義是什麼？冷暴力，可以理解爲是精神層面的虐待，施虐者經由言行跟態度一再折磨對方，帶給受害者不安、痛苦、自責與恐懼。（參照《婚內冷暴力》一書，本田りえ、露木肇子、熊谷早智子合著），最早是由一位法國的精神科醫師瑪麗法蘭絲．伊里戈揚（Marie-France Hirigoyen）所提出，特別指「家庭中，施暴者反覆以言語或態度，巧妙地傷害人心的精神暴力」。

舉例來說，**不斷拿小事來怪罪對方，轉移自己的責任，並發洩自己情緒，彷彿一切都是對方的錯**，認爲跟自己沒有關係。這種踐踏另一半的情緒，在日常家庭生活中反覆出現，而且更加頻繁；並且，**限制另一方與其他家人或朋友求助**，如同被洗腦般，讓他漸漸以爲責任都在自己。

冷暴力者，不僅會否定他人的言行、貢獻，甚至連對方的人格都加以抹煞。藉由言詞反覆折磨對方、傷害對方的精神，讓他自尊心與判斷力都下降，久而久之連行動與思考都加以控制，讓受暴者對自己的自主能力存疑，藉此剝奪了受暴者解決問題的能力。

以「貢獻度」或「利用價值」來衡量他人

冷暴力的發生，因爲面子問題，也因爲「家醜不外揚」心態，從夫妻的社交外觀上難以察覺，也不容易顯示客觀證據。**剛開始就算向家人或朋友說明，也難以得到同情或理解，有時還會得到「為了孩子／為了事業／為了他的前途忍一忍吧！」的回應，使得受害者更加沮喪、挫折，孤立無援。**

我所觀察到的冷暴力者，常常有婚前浪漫慷慨、婚後吝嗇無比，且精於計算、自我中心的特徵；總是居高臨下，非常在意別人如何看他，卻不善於傾聽，但很會轉嫁責任，持續忽視對方的改變或努力。常常覺得自己是某種領域的專家，缺乏同理心，不承認自己有問題，無論法院、調解委員、心理諮商專家的話都很難對這種人收到成效。

他們時常是自戀型高衝突人格，相信自己卓越非凡，獨一無二，尋求過度的讚譽，非常關切別人認為自己有多好，如果別人不羨慕自己，會非常吃驚、訝異，然後演變爲憤怒。

在生活中，不時會說出貶低人格、侮辱或恐嚇的話，也喜歡「自創規則」，以「貢獻度」或「利用價值」來衡量別人，對自己以外的人，都當作物品來利用。

可是，一到了關鍵時刻則會秀出逼眞演技，諸如：對娘家下跪道歉、反省，讓人覺得好像錯怪他了，也因爲輕易地得到原諒，短暫平息後又故態復萌，而受害者一回頭卻發現金錢與自由都已經被剝奪了。

故意抹黑局外人對他方的認知

這樣的人還有著好面子的特性，若是談及離婚，平日對孩子漠不關切的人，便異常地執著在孩子的親權上，一步也不肯退讓，並且開始詆毀對方的親職能力或家事能力。更會對學校師長說謊，故意抹黑局外人對他方的認知，或製造出他方的精神有問題之假象。

遇上走法律程序的威脅，冷暴力者常常掛在嘴邊的話是：「我是法學院畢業的。」或「我認識很多律師法官的好朋友，他們都說妳沒工作/經濟能力不好，這種狀況要打官司爭取親權，是沒有勝算的，別想贏我。」但若仔細研究法院的見解以及判斷親權的因素，會發現這些幾乎都是以偏概全、帶有成見的見解。

遭到冷暴力能不能提起離婚官司？

截至一〇七年查詢司法院各地法院判決內容，在民法第一〇五二條第二項的離婚概括條款/請求權基礎框架下，目前尚未搜尋到對於原告婚姻關係中遭受到的遭遇，法院直接定義爲「冷暴力」而以此爲由判決離婚者。

但在實務上不少原告或原告律師，以遭受到「冷暴力」對待爲其中一項事由，而請求離婚者並不算少。而從判決結果觀察，法院調查原告提出若干事實，而那些事實可以被認為符合在精神醫學中定義為「冷暴力」的行為，由此加上兩造的分居時間長短、分居時的互動等因素交互堆疊，最後為法院判決准許離婚者，亦所在多有。

應先做好分居的準備

若身爲冷暴力的受害者，還選擇繼續同住在一起，又想要提出離婚的請求，除非對方也很有意願離婚，否則，法院看在兩人仍然同居的狀態，會對於婚姻是否已經達到重大難以維持的破綻，還有原告是否有離婚的強烈意願等事實，抱持懷疑的看法，這樣爭取到離婚判決的機會也會相對較低。

因爲**一直待在同一個屋簷下**，等於讓自己陷入**經濟上繼續依賴、情緒上繼續受勒索、控制，難以向外對家人、朋友求援的封閉狀態**，不僅無法逃離冷暴力的威脅，在離婚訴訟的判斷上，仍同居的狀態，也成爲讓法官爲難的不確定因素。

而分居前，妳/你所需要準備的是先找到一個安全的地方，而對方熟知的娘家或好友家恐怕不是最優的選擇，因爲短期內，妳/你應該不希望他來到新的住處對妳/你威脅、糾纏。而個人基本的衣物可以提早準備，慢慢移出，否則將來要回到原住處再取出來的難度跟風險很高，以及準備好短則半年，長則一年手頭上需運用的金錢，也包括可能需要的律師費。

搬離前，並沒有義務，也沒有必要提早告知對方，如果爲了怕被申報爲失蹤人口，可以留下紙條或寫電子郵件告知：「我已經搬離，並沒有失蹤，只是目前已經沒有辦法繼續同住下去。」

常有人詢問，**這樣不會違反夫妻同居義務嗎？我的看法是：不能同居也有探討其理由是否正當的必要**，依照民法第一〇〇一條規定：「夫妻互負同居義務。但有不能同居之正當理由者，不在此限。」所以，依照法律的規定，夫妻原則上有同居的義務。但是，例外情形若具有「不能同居之正當理由者」，就不在此限。

如果冷暴力的情事眞確，相信即便被提出要求同居的訴訟，也應當認爲是正當合法的分居。再者，履行同居義務的裁判，基於人性尊嚴的考量，是無法直接執行的（強制執行法第一二八條第二項參照），難以想像會請法院執行處人員或員警到場把人拖回去強令同居吧？

分居後孩子要給他看嗎？

如果有將孩子一同帶離者，我建議也應該主動提出對方能與子女見面的地點與時間，並要求對方承諾好交還的時間。若子女已就學，可以考慮請對方在下課時間直接跟子女去會面。這一點建議主動提出，是爲了避免違反友善父母原則，怕對方拿這件事指摘爲非友善父母，因而對日後的親權判定不利。

若對方並不承諾交回，該怎麼辦？此時應該審愼考慮「交付子女」的決定，因爲一旦交得出去，卻可能回不來，將來恐怕需要以「暫時處分」等方式讓法院協助跟孩子見面。

而交付子女時，若雙方同意約在公開場所，如百貨公司或是大賣場，在妳/你的陪同下讓孩子與對方見面，並有其他親友在場預防突發狀況，會比單獨見面來得更好。

分居多久才能提離婚呢？

由於台灣目前並沒有裁判分居制度，因此分居多久才能提離婚一直是個沒有標準答案的問題。

如果分居的理由是因爲明確的肢體暴力或外遇，這些能拿得出客觀的證據，即便只有一、兩個月的分居時間，法官判決離婚主要判斷的依據是家暴或外遇，分居時間長短並不太重要。

如果兩人分居並沒有上述明顯的家暴或外遇跡象，我認爲至少一年以上，法院會比較傾向認同兩人確實已經過了冷靜期，沒有辦法再復合繼續生活。這時候就要接下去判斷造成無法同居的原因，雙方的可歸責性誰比較高（誰錯的比較多）。而可歸責程度較高的一方（錯比較多的一方），不能向可歸責低的一方（錯比較少的一方）請求離婚。但是，雙方可歸責性程度相當者，也就是沒有明顯的誰對或誰錯，目前實務應是允許雙方都提起離婚的，也就是所謂的「消極的破綻主義」。

分居半年有法律上的重大意義

分居半年以上，雖然尚未離婚，法律上就已經有可以處理未成年子女親權的酌定（民法第一〇八九條之一），以及做為請求改定分別財產制的理由（民法第一〇一〇條）。也就是說雖然不能直接處理離婚，但是子女的親權，以及剩餘財產的分配問題談不攏，往往才是雙方堅持不離婚的眞正癥結點，一旦處理完這些癥結點，兩人的婚姻又有何維繫的意義呢？

一旦分居有半年的時間，法律允許法院介入夫妻財產的劃分，以及子女親權的判定，等於就會將婚姻雙方引導往解消婚姻的方向走去。

完整的家？

”

如果為了守護孩子，
一再吞忍或暗生衝突，
不但無益於維繫關係，
又如何能讓被照顧者感到心安？
又能守護得了什麼？

“

我常常在調解時，聽到一些夫妻其實已經紛擾不休，甚至分居多時，卻仍有一方非常堅持繼續維持婚姻下去，理由是「爲了給孩子一個完整的家」、「孩子需要爸爸與媽媽」、「不希望孩子遭受異樣眼光」等等，堅持不願離婚。

完整的家＝不離婚的關係？

許多父母親情感上無法接受離婚的理由，多半是覺得給孩子一個破碎的家庭，對孩子不能交代。但有些父母或許是心想，還沒有拿到足夠的財產分配，我怎麼能離呢？又或者是心想：「孩子大一點夠獨立了再說，現在我還需要對方的經濟支持，所以就忍下去吧！」所以，明知兩個人的感情已經山窮水盡，仍然咬牙堅持下去。但是，這樣的「爲了孩子好／給孩子一個完整的家，所以不離婚」的堅持，對孩子眞的好嗎？

或許我們可以看看下頁這張圖：

衝突目睹兒的負面情緒

中央研究院、教育部、國科會曾經共同主持一個計劃——台灣教育長期追蹤資料，他們做出了一個長期追蹤統計，做成了這樣一張圖表，其中，橫軸（X軸）代表時間的經過，孩子從國三到高二，再到高三。縱軸（Y軸）則代表著孩子隨著父母親關係不睦而感受到的緊張、焦慮等負面情緒。

我們應該特別注意到：線3跟線4，這兩條線是一個很重要的對比。

子女心理健康之變化：依父母婚姻品質與狀態有所不同

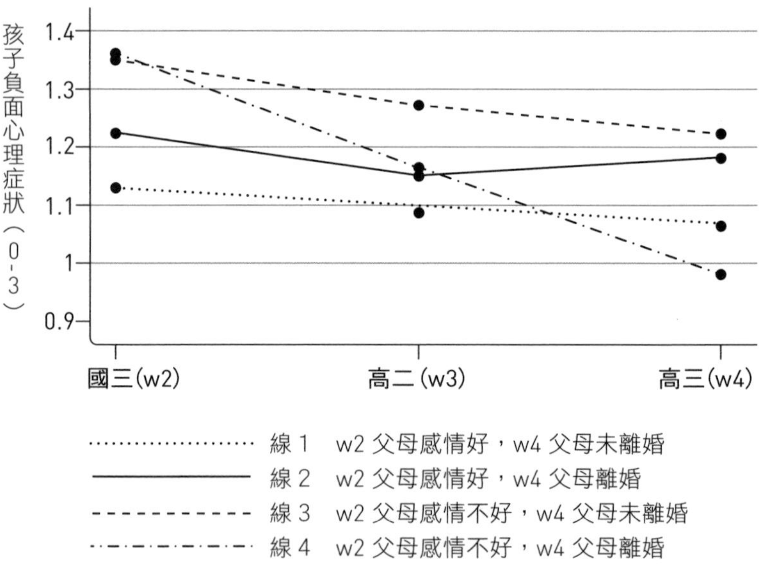

（資料來源：台灣教育長期追蹤資料庫第二～四波追蹤樣本【限w2父母未離婚：N=3,405】）

線4代表的是「父母感情不好，父母離婚」，我們可以發現在三年後，子女的負面情緒已經降得很低，甚至比「父母感情不好，父母未離婚」的負面情緒還低。

但是線3代表的「父母感情不好，父母未離婚」，過了三年，這種情況下，孩子的負面情緒仍然居高不下。

同住在一個屋簷下的迷思

這就說明了：父母感情不好，也未離婚，如果一天到晚都在孩子的面前上演爭吵衝突、精神上互相傷害，甚至肢體暴力的戲碼，孩子無論如何不會為了「父母親仍然住在同一個屋簷下生活，維持著恐懼與對立的婚姻關係」而感到開心，反而一再因為感到不安、焦慮與恐懼，心想：你們分開好了，這麼不開心，讓我也很難專心用功。甚至，一再為了我的事情吵架（很多是經濟上的因素，要不要補習、要不要買保險），我再也不想成為爭執的源頭。

實務上，常常有比較大的孩子在房間的棉被裡，摀著耳朵，在心中吶喊著：我寧願你們兩個人分開，也不想處在這樣一個衝突、緊張的家。

很多經濟弱勢的一方，因爲擔心自己的經濟能力不足以支撐帶著孩子繼續生活下去，而對方似乎不願意負擔子女的扶養費，所以無法決定走向離婚。但其實在子女的生活照顧上，法律上規定是需要雙方父母共同負擔，「一方經濟能力不佳」這個因素不應成爲無法離婚的最主要理由。

提供子女與未離婚家庭相距無幾的環境

因爲，民法已經將「扶養費」與「親權判定」脫鉤了，也就是說「得到親權的父母親一方」不一定需要負擔全部孩子的扶養費；而是應該依照父母的收入、資力去比例負擔孩子的生活照顧費用（民法第一一一六條第二項參照，父母對於未成年子女之扶養義務，不因結婚經撤銷或離婚而受影響。），由兩人透過經濟上的互相支援，形成一種合作模式，提供子女一個與未離婚家庭相距無幾的環境，讓子女同樣能享受到衣食無虞、充實的童年。

守護一個家的概念極其抽象，爲了這個抽象的概念，反而降低了我們環顧身旁現實處境的判斷力。**許多關係中難以破繭而出的衝突，都是糾結在這些抽象的、單方的、理想式的堅持上，卻忘了，更應該看顧的，是實際的日子怎麼生活下去。**

所以，「爲了孩子好／給孩子一個完整的家，所以堅持不離婚」的想法，很可能只是一個一廂情願的迷思，而且，本來想讓孩子有家的安全感，卻事與願違。如果爲了守護孩子，一再吞忍或衝突，自己都無法得到內心的平靜，又如何讓被照顧的人感到心安？守護得了什麼？

第3部分

人際關係

最可怕的不是明白的仇視，而是有意的排擠與忽視

人一輩子的幸福，有時候也像是踩地雷一般，取決於你在人生的旅途中碰上什麼人、能不能避開某些地雷，又或者能不能從這些人際關係的泥淖儘快脫身。

除了最親密的親子關係、婚姻關係中的種種糾結，還有許多來自外在的，如親戚、職場、校園、同儕關係的狀態劣化，它們就像慢性疾病一樣，一點一滴侵蝕我們的內心，讓我們感到冷漠、孤立，甚至絕望；有時則像踩到一觸即發的地雷，一下就讓我們的生活四分五裂，常讓人感嘆「早知如此，何不遠離」？

扭曲不良的人際關係，就像是千絲萬縷纏繞的繭一般，綑縛我們的心理與生理，我們被無法擺脫的糟糕關係，逼得喘不過氣來，嚴重的話，甚至使人對生命都感到絕望。接下來，我想要跟大家一同檢視的，就是家庭之外，這些時常發生問題的人際關係。

人生有時也像「踩地雷」般

還記得古早時期電腦內建的一款簡單遊戲「踩地雷」嗎？你試探地點下每一個方塊，出現的數字會指示你周遭方塊裡有幾顆地雷。於是，我們戰戰兢兢地解開安全區域，直到我們避開所有含地雷的方塊才能闖關成功；相反地，如果不幸點中了有地雷的方塊，取而代之的是「BOOM！」一聲，遊戲結束！

人一輩子的幸福，有時候也像踩地雷般，取決於你在人生的旅途中，碰上什麼人、能不能避開某些地雷，又或者能不能從這些人際關係的泥淖儘快脫身。

有些人因爲天性、傾向或後天的遭遇、教育養成的價値觀，比較容易以「全是全非、全有全無」的角度看待別人；也可能是有遭人陷害的妄想，或是自視甚高，不容其他人挑戰，易與他人起衝突，或對別人施以情緒勒索，甚至結合霸凌的行爲，因此，有研究稱這種人爲「高衝突人格」。令人意外的是，在生活周遭發生上述狀況的機率，遠高於一般人的想像，這樣的人數比例竟佔所有人的四～六%之間。

採取適當的脫身技巧與策略

現代人的工作太忙、步調太快，蓬勃發展的社群網站與通訊軟體，雖然提升了溝通效率，但以文字取代通話，時常無意間產生更多誤會。當高衝突人格者再加上與都會高度發展正相關的情緒障礙，會成爲我們身邊一個個危機四伏的人際關係地雷，一旦這些地雷被引爆，都有可能摧毀我們的人生、健康、財務、名譽，或甚至波及無辜的家人。

這裡要具體探討的面向，包括從親屬訴訟霸凌、校園霸凌、職場霸凌，以及基於對性別傾向歧視的霸凌，希望大家能辨識出這些關係失衡、霸凌的樣態，進而遠離或有技巧性地結束關係，並從中脫身。如果無法及時脫身，也有助於我們在面對他們時採取適當的應對，或即時尋求法律的協助。

替罪羔羊

”

你曾經碰過那種不惜時間、金錢成本，
硬要跟你周旋到底，甚至大張旗鼓四處興訟，
也要針對你的親戚或舊友嗎？
午夜夢迴，百思不得其解，
他／她為何要這樣針對自己？
也許事情的開端
只是一件微不足道的小事……

“

阿霞今年五十六歲，因為年金改革方案對退休生涯的保障徒增變數，年前她選擇提早從公家機關退休。本來期待能夠跟著幾年前也退休的先生過著閒雲野鶴的生活，夢想日日踩著夕陽從菜園歸來的悠閒時光。

不料，一張貼在家門郵箱上的郵件招領通知，讓悠哉的心情一下子變了調。

「誰啊？看起來像公文？會是什麼事？」阿霞百思不得其解，騎上機車火速前往郵局領回那份法院寄來的文件。竟然是一張叫作什麼「暫時保護令」的文件，裡面寫的讓人摸不著頭緒。那張暫時保護令上面好像是這樣寫的：

主文：（一）相對人不得對被害人為肢體上或精神上之不法暴力行為。

（二）相對人不得對被害人為下列聯絡行為：接觸、騷擾。

理由：相對人與聲請人是表姊妹，被害人為相對人之阿姨，於○年○月○日下午四時，相對人不顧聲請人的反對，擅自前往○○老人安養中心，對著年近九十歲之被害人○○○女士大聲說話，並在聲請人到場時，與聲請人發生口角爭執，而徒手將被害人推倒在地，此有聲請人指述甚詳，並有被害人之驗傷單可憑，是已發生家庭暴力行為，顯有對其保護之必要，爰對相對人核發暫時保護令，以避免進一步之危險。

把這張「暫時保護令」看了三遍的阿霞，手機鈴聲響了。一接聽，是附近派出所打來的，問阿霞在不在家，現在警員要過來說明一些事情，不到十分鐘，一位年輕的女性員警便出現在阿霞家的門口：

「請問您是吳○霞女士嗎？」員警問。

「對，怎麼了？」

「妳有收到××地方法院寄給妳的暫時保護令嗎？」

「有啊，剛剛去拿的，這到底是怎樣？」

「吳女士，我是要來通知您，既然收到這張保護令，就表示這已經發生法律效力，也就是說：您不能再對這位被害人，也就是您去探視的阿姨，不可以再有任何家庭暴力行爲……」

阿霞忍不住打斷員警的話：「什麼家庭暴力啊？我怎麼可能會對我阿姨做出這樣的事情……」

「吳女士您先聽我講完，這張暫時保護令可以讓您在法庭上向法官說明，只是在法官下最後判斷之前，保護令要求您不能做的事情，就不能做喔！不然的話，會有違反保護令的問題，這可是刑事犯罪，要移送檢察官的喔！」員警怕阿霞耐不住性子，連珠砲式地將一連串的告知事項講完。

「什麼刑事犯罪啊？我又不是罪犯，我只是去探視我阿姨，這樣也不行啊？」

「吳女士，您可以對暫時保護令提出抗告，也可以在通常保護令開庭時，好好去向法官說明。以上就是我要告知您的事情。那我就告辭了。」年輕女警趕緊戴上安全帽，火速騎車離開。

—

阿霞一夜睡不著覺，決定第二天一早，去請教那個協助她處理之前表妹所提訴訟的律師。

「律師啊，怎麼會這個樣子？暫時保護令』是什麼東西？爲什麼沒有讓我有說明的機會就發出來了？」

「這張『暫時保護令』，實在是一個很厲害的東西，不用通知開庭，法院只要憑著一紙驗傷證明書，還有被害人或聲請人的口述情節，就可以核發了。暫時保護令的威力，可是足以讓父親或母親看不到自己的小孩半年以上的。」律師啜了一口咖啡說道。

「可是，這樣眞的很不公平啊。我跟我阿姨情同母女，她是我媽媽唯一的姐妹，我媽過世時，要我好好照顧阿姨。阿姨所有孩子都在國外唸書，當時她有一些退休金，要我幫她信託起來，需要用時，我就去幫她提領出一部分，她的孩子回來看她的次數跟頻率都還沒有我高。安養院有些員工都說，我好像就是她的親生女兒一樣。」阿霞說。

「那天到底是怎麼回事啊？」律師問。

「我去了安養院，打算拿一些中秋節的禮盒跟文旦給阿姨，她的女兒也就是我的表妹，最近幾個月待在台灣，忽然，跑來對我說，沒有她的允許，不能探視她媽媽，也不可以隨便對她媽媽拍照。我覺得很莫名其妙，吵了一下，正想算了，不想做口舌之爭，跟阿姨打個招呼就要離開，結果表妹竟然用身體擋住我，不讓我跟阿姨道別，結果表妹的身體就撞到了阿姨。」

「妳這表妹跟妳是有仇嗎？怎麼對妳好像有敵意啊？難道有人來關心老人家不是一件好事嗎？」律師納悶道。

「從我告知阿姨所有在加拿大的子女，我已經依照阿姨的意思，把她的退休金大部分都交付信託開始，這位表妹就時常向其他兄弟姊妹造謠，說我覬覦阿姨的財產。然後，阿姨將她的收藏藝術品寄放在我家，表妹看到我家照片裡有她媽媽的收藏品，竟然不分青紅皀白，就向地檢署提起侵占告訴。對啦，就是律師你幫我處理的那件，還好檢察官明察秋毫，證據不足，很快就不起訴了。」

「看來，妳的表妹似乎一直針對妳耶，只要一點點跟妳有關的事情，就像是肉食性動物緊盯著獵物一樣不鬆懈。」律師評論道。

「本來之前我們關係還不錯，她是個很會讀書的人，學歷很高，但好像從有一次我在LINE群組裡質疑她對阿姨生活安排的提議，之後她就對我很不友善。」

「有可能喔，有些人的自尊心非常高，不容許他人對自己有一絲質疑，一旦踩到了他自尊心的裙擺，就會為了一點小小的舊事，尋找細故不斷對你窮追猛打，什麼事都怪罪到你頭上。像妳的個性這麼耿直，以爲只要說眞話，做正事就好了，殊不知自己踩到了一顆大地雷，這幾年都要跟『訴訟』、『出庭』這幾個字眼糾纏不清。」

「唉，律師，你這樣講，我很難反駁說不是，那我到底該怎麼辦啊？暫時保護令能夠上訴嗎？這樣被誣賴，我實在嚥不下這口氣啊，以後在親戚面前，跳到黃河都洗不清了。」

「對暫時保護令不服叫作『提起抗告』，一定要在十天內提起，因爲法院審理的是原來的暫時保護令核發有沒有裁量濫用。但暫時保護令的核發就像本票裁定一樣形式，有發票日、有金額、簽名就發了，所以，抗告的機會有點渺茫，但既然妳要洗刷清白，不喊冤不行吧？我們就先遞抗告狀，之後再閱卷吧！」

—

數日後，阿霞看了律師閱卷的資料，發現自己更輾轉難眠了。因爲，表妹在寫給法官的書狀裡，簡直比寫小說還更高潮迭起的形容，把阿霞這位表姐徹頭徹尾罵了一頓，不但細數過去阿霞對阿姨的處理事宜多有不是，甚至加油添醋把阿霞寫成詭計多端、圖謀財產的小人。雖然，其他表兄弟紛紛捎來訊息說，相信阿霞的爲人，表妹那些陳述都是虛構，但仍舊安慰不了阿霞的心情。

開車前往法院的路上，阿霞深深覺得對法院來說，也許是一個小小的暫時保護令抗告案件，但對她而言，可是地雷爆破後，戰場殘破不堪的一生清譽之戰，往後的路還長得很。

許多成功人士都多少有自戀的特質，像是政治家、企業領袖、藝術家、醫生、運動員等等。大多數健康型自戀還可以幫助他們突破障礙，相信自己潛能，創造出與眾不同的成就。

但有些法院常客（比較不好的形容是「訴訟成癮者」），卻是自戀型人格中，比較負面的實踐者，他們會顯現出傲慢、缺乏同理心、藐視他人，透露出優越感，想要贏得額外好處的言論。更重要的是，他們欠缺容忍他人批評或建言的雅量，只要覺得自己受辱，就會開始計畫來報復對方，藉著細故對對方提出訴訟，當然也是其中之一。

多拉長些時間觀察對方

有時我們碰到這些自戀型人格者時，會驚艷於對方的能力與口才，因而「過度迎合」。但是，假如日後對這些人產生一絲懷疑，或發表一句不同意見，就有可能讓他從「王座上跌落」，而招致後續的報復。

首先，想要避開這些全有全無的邊緣型或自戀型人格者，要切記一件事：當對一個人認識不深時，不要立即進入過度吹捧的模式，需要多一些時間（起碼一年以上）蒐集對他的觀察，才能決定是否與對方發展長久穩固的合作關係，像是締結婚姻關係、親屬間共同照料長輩，或合夥投資等關係。

設下界線、保持遠一點的尊敬

如果你免不了必須與自戀型人格或邊緣型人格者合作，那麼，請記住要對他設下界線。像是：討論的話題、共處的時間、願不願意答應某項任務，並且時刻謹記將他放在界線之外，因爲自戀型人格不能接受別人對他說「不」，也不相信有什麼規範或界線應該綁著他，總是對別人口頭上的拒絕不當一回事，若是一再容許對方跨越界線，只怕你會越來越難從關係中毫髮無傷地脫身。

遠離邊緣型人格或是自戀型人格者，需要低調處理，不要昭告天下，避免明說或暗示你會離開是因為他，而一旦說了，可能是永無止境的怪罪。也不要讓他感到有被拒絕的意思，可以嘗試轉移焦點，向對方強調你是在改變生活方式、興趣或目標。例如：你開始減醣飲食了，所以無法去那家餐廳赴約；或是想多花點時間在家人身上等等。持續表達對他們單純的敬意，祝福他們，希望他們以後更成功。

雖然親戚關係不像擇偶一樣，可以設下一年以上的觀察期，因爲這是別無選擇的血緣關係。但是設下界線、保持遠遠的尊敬、牽涉複雜財產利益時不蹚渾水，以及低調地遠離對方，應該是能夠採取的自保策略。

台灣暫時保護令的濫用

前述案例所提到的「暫時保護令」，可以用一份驗傷單或一段錄音，加上一段指控者的說詞，就能輕易達成。且法院對於暫時保護令的核發，通常採取書面審理，也只聽一造片面陳述，**暫時保護令時常成為典型訴訟慣用者對付他人的愛用工具，除了在爭取親權案件中時常出現，對付親友提出暫時保護令者，也非少數**。一旦核發成功，就有可能阻礙互相存有親情者的接觸長達數月；但這其中是否爲指控者的刻意抹黑、斷章取義，即使大費周章地舉證、反駁還不見得能洗清冤屈。

被核發暫時保護令者的抗告之路也十分艱辛。所以，只能勸大家不得不防，在這類「高自尊」、「自戀型人格」、有仇必報的親人面前，切記要謹言愼行，不要落入對方的圈套，而被私下蒐證了。

校園叢林

”

校園就是社會上人際關係的縮影，
在校園裡所發生的冷暴力或精神虐待，
無非群體對個人的霸凌場景，
且因校園的群體生活串連簡單，
使得權力鬥爭更加容易。
而網路世代的來臨，
更讓霸凌的態樣多元且複雜……

“

霸凌的定義是指個人或集體持續以言語、文字、圖畫、符號、肢體動作或其他方式，直接或間接對他人爲貶抑、排擠、欺負、騷擾或戲弄等行爲，使他人處於具有敵意或不友善之校園學習環境，因而產生精神上、生理上或財產上之損害，並影響正常學習。

校園霸凌則是指相同或不同學校學生與學生間，於校園內、外所發生之霸凌行爲。（可參考教育部訂定的「校園霸凌防治準則」定義）。

—

上次月考，小佑聽到班上一群同學預謀作弊，而他被畫在阿志的責任領域。小佑並不想加入，因爲這是自己認眞複習功課的成果，於是小聲囁嚅：「這樣不好吧？」

阿志聽到了，便當場在其他人面前質疑小佑：「你不想加入？是想當抓耙子嗎？」

從這天起，小佑發現自己的日子越來越難過，只要碰到課外活動，一回到教室，就會發現桌上出現一些沒有署名的便條紙，內容充斥著惡意的文字或圖畫，如「死孬種」、「你是天才，最會考試」，或是畫著男性性器官、烏龜等圖樣。

誰常成為校園中的受害者？

學校就像座叢林，在叢林裡要跟不同種類、不同習性的物種相處，有時競爭，有時合作，適者方能生存。而霸凌，則是現代學校叢林裡，從未絕跡的生態。

被挑中成為被霸凌對象的人，多半有脈絡可循。過去我們多半以為衣衫髒汙、功課不好（往往源於家庭經濟弱勢或家庭功能不健全）的同學，較易成為遭霸凌的目標。然而，在經濟差距、強弱勢差距縮小後，霸凌動機的誘發，卻往往不一定是那些特別懦弱或心理不健全的孩子，反而是不肯盲從群體、不肯服從帶頭者的權威與不合理要求的孩子。

討論畢業旅行的地點時，阿志慫恿副班長小琦提出去台東班遊，小佑卻以台東前陣子發生地震，而且暑假可能有颱風爲由，建議到南投玩。表決結果，小琦的提案得到二十五票，小佑的提案則只有二票。

下課後，小佑聽到一群男女同學訕笑：「膽小死了，還怕地震颱風，那乾脆待在家裡就好。」「不自量力，竟然敢跟副班長比投票。」「喔，他回頭了，還瞪你，哇，眼神好兇，好怕喔！」

群體傾向於壓抑個別特色

佛洛伊德曾談到，在群體裡個人的特色會逐漸消失，並產生雙重身分認同，也就是個人對於群體其他成員的水平向角色的認識，以及對於領導者間上下從屬的認識。

在群體裡，許多人傾向找到一個領導者並跟隨之，這是一種便利的安心感。

一個人要在群體中發聲，大家注意的不是說話的內容優劣，而是人際關係的穩固性或討喜程度，說穿了，也就是有沒有那個「權力態勢」說話。

在情勢不利時，仍想發揮個人角色，可能落得與整個團體對抗的局面。我們時常發現，受害者只要一生氣就被說難相處，若欲對群體起而對抗，最終下場還是會落得遍體鱗傷。抵抗不了，就放棄抵抗，並投降加入，而代價是放棄自己的原則，成爲團體中最底層的成員，需要遵守上層的使喚，來換取忠誠度的認可。想脫離最底層的唯一方法，只有找到另一個被使喚的對象，讓他加入並取代自己。

—

「我從七年級開始就知道小佑暗戀小琦啦。問題是小琦根本就不喜歡他，他被拒絕以後就惱羞成怒！阿志跟我說的。」

「蛤，你說他敢跟班花等級的小琦告白喔？哪來的勇氣，是『梁靜茹』給他的嗎？哈哈。」

「阿志也喜歡小琦，但是阿志就不像小佑那麼蠢，班上所有的男生幾乎都挺阿志，那是因爲阿志平常待人就很阿莎力啊！」

「那我看小佑還眞不會掂掂自己有幾兩重。你看他的Facebook貼文，跟阿志相比，有多少人追蹤？而且阿志一貼文隨便就有三、四十人按讚。」
「不過，我還是不會unfriend小佑啦，我等著看他貼什麼東西，等下轉到我們跟阿志的LINE群組裡當笑話看。」
「誒，你眞的很壞耶！哈哈哈。」

霸凌團體成員的互相確認與自我合理

霸凌團體的組成，最初只是爲了找到歸屬、尋安心的感覺，然而最容易讓團體成員互相靠攏的第一步，往往是找到共同目標或團體外的「孤鳥」，並且持續輪流貶抑或透過交換對那個人的「垃圾話」或「閒話」，在形成共同話題的過程中，確認彼此的歸屬感。

「帶頭者」則可以透過這種方式凝聚向心力，而其他成員更認爲這樣對待被害人，是他「罪有應得」、「應有的懲罰」，不啻是團體成員自我催眠的過程。追隨「帶頭者」批評與輕視他人，久而久之，讓「帶頭者」也強化並催眠自己的不道德意志是種「正義」，讓團體中的個人，也喪失自我判斷道德是非的能力。

其實群體的不反對、不聲援、拉板凳看好戲，更是一種消極式霸凌，有如「邪惡的平庸」（the banality of evil）般，為受害者樹立一道被孤立的圍籬。

—

小佑發現除了做任何事都會被冷言冷語外，過去幾個比較要好的朋友，也不再主動找自己聊天，Facebook跟Instagram的發文，也越來越少有同學點讚，中午要找同學一起吃飯，也時常出現一哄而散的場面。

後來，班上發生了一件事。

老師依照平日公益表現得分，優先讓那些同學選擇座位，同天在班上LINE群組中，阿志卻發起了一個LINE投票：「你最想跟誰坐在一起？」當晚很快就開票，小佑赫然發現沒有人投給自己。

隔天選擇座位，小佑的平日分數雖然頗高，但發現同學似乎像是躲地雷一樣，紛紛選擇遠離自己的位置，老師最後不得已，才硬把一些同學安排在小佑的座位四周。

老師發現了這個狀況，便找來小琦、阿志、小佑等人問話，小琦表示說她知道前一天的投票結果，大家應該是沒有惡意，跟隔天選位子只是巧合吧。阿志則嘻笑地跟老師說，是因爲小佑平常太嚴肅了，同學們跟他開個玩笑而已，「只是開個玩笑，沒有人會因此就眞的生氣吧？」

意志的殺手——孤立

受害者會發現相較於直接的冷嘲熱諷，無聲無形地遭到孤立，心理上的挫敗感跟無處宣洩的情緒，更令人沮喪。

孤立，是以非言語的形式進行。受害者會發現自己的存在被刻意忽略，不被納入任何討論，他人的眼神也刻意避開自己、不打招呼；若必須進行對話時，他人會避開直接的稱呼，而用「第三人稱」或不指名道姓的方式帶過；想要加入團體對話，時常發現別人欲言又止的狀況；下課後不會被邀請參加團體活動。網路上的發文，明明是相同的主題，同儕會不約而同用「不按讚」或「停止追蹤」的方式，讓人感受到存在感逐漸透明，遭到邊緣化。

人都需要同伴的支持，即便是一點點小事，都渴望被肯定、被看見。**心理學家發現以「孤立」做為霸凌手段，會更迅速帶來比「直接競爭」更大的壓力與更長遠的傷害，讓人頓失進入校園、進入群體的動力與信心，甚至對於心理健康有致命打擊，讓人失去生存意志。**

當團體遭到質疑時，則是用不正視及輕鬆帶過的態度，如：「開個玩笑不會死人吧！」「怎麼那麼沒有幽默感呢？」讓被害人找不到證據或對象可以抗議，向師長申訴四處碰壁後，卻反過來懷疑自己是否反應過度，而逐漸對自己失去信心。

—

投票事件過後，小佑某天發現Instagram上，不知道是誰用自己的英文拼音創設了帳號，上傳的照片竟然有：自己在學校座位、考卷成績、從自己位置望向副班長小琦位置的照片，發文則極盡愚蠢、諷刺的語氣：「唯佑獨尊、二〇二四選我！」「小琦當我老婆」、「我有上天保『佑』，全班唯我最行。」

底下則是許多同學的搞笑留言：「朝聖！」「媽，我上電視了」「小佑一統宇宙」……

小佑不知道該怎麼辦，自己沒用Instagram，沒想到這個帳號已經存在這麼久，同學們的惡意回文也已經累積到這麼多，其中，還有好幾個是小佑以爲值得信賴的同學。

小佑把手機關機，告訴母親自己身體不太舒服，希望明天能夠請假不去學校，然後關上房門……

及早對「帶頭者」予以適當規制

遭到霸凌的孩子，在求學過程中多半難以發揮學習潛力，只因注意力與精力皆耗盡在抵抗那些汙名攻擊上，學習效率與品質雙雙降低，進而加深師長及家長對其「不認眞讀書」的質疑，惡性循環下，便成爲師長眼中難以的孩子。

不可諱言地，這其中取決於導師及學校主事者是否有意挖掘問題的成因，還是只希望風波與事件能儘速平息。**如果不能發現霸凌意識形成的因素與歷史，對「帶頭者」予以適當規制，將無法及早阻止霸凌的狀況變得更嚴重。**

學會自保，也學著不要成為加害者

首先，被害者必須先進行自我心理建設：停止自責！

被害者不要把自己受到霸凌這件事，當作都是自己的責任，應該要理解：霸凌你的人，正希望你這麼想——要怪都怪你自己。

也要做好接受「我最深愛/信任的人也會加入他們行列，背叛自己」的心理準備。因爲，霸凌圈的洪流是一股強大的拉力，要在群體之中生存，你的朋友也可能被迫尋找自己的明哲保身之道。

避免落人話柄，多開戰場

接著，別嘗試辯解。

辯解是很直覺的反應，但也是最大的陷阱，因爲大多數霸凌者言語中包藏的惡意並沒有下限，近一步的解釋與辯護，只會讓自己少掉許多腦細胞，而在一波波的文字戰中以一擋百，陷得更深。

尤其在網路上，如果提出文字反擊，只要有一點說不清楚或說得不對，都可能被抓語病而加以嘲諷。這些對被害者而言，很可能會造成二度傷害，所以，此時的最佳方法就是「沉默是金」。

萬一逼不得已必須回應不可，也建議先冷靜一段時間，不必立即回文，預測對方後續可能的反擊，再適當回應。並以「言簡意賅」爲原則，避免落人話柄，多開戰場，你沒有那麼多的時間可以跟他們窮耗。

回文時，也請記得在有其他客觀第三者的公開版面回應，不需要堅持在對方的主場作戰，才有留下公評及存證的空間。

心理強化：不要輕易離開校園

請記得，不要輕易「中離」。意思是指因為受不了壓力，而向學校「請假」。一旦請假了，要再回歸正常的上課步調、回復到之前的心理狀態，難度會相對更高。

你會想尋求心理支持，但請記得，同一群體內沒有永遠的朋友，理由是他們太接近霸凌行爲的暴風圈，很難保持中立，任何保證都是不可信的。

若想尋求心理支持，應該試圖找尋霸凌風波以外的人，如較早期的同學（國小、兒時鄰居），透過這些人，尋找認可及支持。而這些人的價值與重點在於：無條件的陪伴你，單純陪伴就已經足夠，但不是找他們跟你一起做道德上的批判。

透過正式法律管道求援

另外，你需要認清的是，一切正式管道的申訴或法律程序，都建構在證據的基礎上，沒有證據作後盾，後續想幫你的人也愛莫能助。

因此，你必須從網路上截圖，妥善存檔，或盡可能地備置器材，即時錄音，以留存不會重現的話語。**這些證據最好是能「一槍斃命」，也就是第三人不需要花太多推論就能判斷的證據，所以需要耐心收集。切忌提出亂箭齊發、需要過度迂迴推論的證據，這會讓人對說話的憑信性質疑。**

關於蒐證，你可能要考慮讓霸凌行為再發生一次，但發生在你守株待兔的蒐證環境之中，或在第三人眼前、耳朵聽得到的地方。

等到有了證據，不會被人質疑你是否被害妄想時，接下來就可以尋求家長、導師，或是輔導部門的協助了。

校園霸凌是「觸犯法律」的行為

在校園內發生霸凌行為，教務成員有義務將該事件通報給權責單位；有霸凌行為的學生則必須負擔刑罰、民事賠償乃至行政罰之法律責任，或依少年事件處理法接受相關處分。而民事賠償責任部分，法定代理人亦須一併負責。所以校園霸凌行爲絕非只是同學間的嬉鬧，而是「觸犯法律」的行爲。

- 法律是處理校園霸凌行為觸法時不得不然的手段。應讓學生就此有正確的認識，瞭解自己行爲的後果。
- 教育與輔導是防治校園霸凌的治本之道。只有落實友善校園，確實瞭解個別學生的問題，掌握校園動態，才能期待得以杜絕校園霸凌行爲。

比起老師們在學校處理霸凌工作的棘手程度，家長從源頭防止被霸凌的工作則相對單純多了，只要給予孩子足夠的陪伴、支持、瞭解即可。若能多花時間來陪伴孩子，像是一起運動、一起吃飯、一起出去玩，孩子遇到困難時就會向你求助，就不會孩子在學校被罷凌了，而自己卻一點蛛絲馬跡都未察覺。

別成為霸凌圈中的同路人

很多家長會跟老師說：「老師，他比較聽你的話。」但是，老師之所以能聽見學生的心聲，是因爲花了足夠時間去傾聽。有一句陳腔濫調的心靈小語：「愛可以戰勝冷漠。」當我們在仰賴教育跟學校之際，如果能夠多一點陪伴，或多一點理解，就可以及早從細微之處避免孩子遭到霸凌或是霸凌他人。

隨時提醒我們的孩子，同理他人、尊重他人，不要縱放自己不知不覺中成爲霸凌加害人。

兒童及少年福利與權益保障法第四九條第二款規定，任何人對於兒童及少年不得身心虐待的行為。也規定學校單位一旦得知有學生遭受身心虐待行為，就有在二十四小時內通報的義務（同法第五三條）。

這些規定的法源依據在於——教育基本法第八條第二項規定，**學生之學習權、受教育權、身體自主權及人格發展權，國家應予保障，並使學生不受任何體罰及霸凌行為，造成身心之侵害。**

申訴之後會發生什麼事？

基本上，你或你的家長申請調查後，學校應該在三日內召開「防制校園霸凌因應小組會議」，並於二個月內調查完畢，並通知調查及處理結果（校園霸凌防制準則第二一條）。

1. 學校調查處理校園霸凌事件時，應該注意：調查時，應給予雙方當事人陳述意見之機會；當事人為未成年者，得由父母親或監護人（法定代理人）陪同。
2. 避免行為人與被霸凌人對質。除非經雙方當事人及法定代理人同意，則可進行對質。

3.學校就當事人、檢舉人、證人或協助調查人之姓名及個資，應予保密。（校園霸凌防制準則一五條）

學校完成調查後，確認成立校園霸凌事件者，應立即啓動霸凌輔導機制，並訂定輔導計畫，輔導行爲人改善，並明列懲處建議並定期評估是否改善。校園霸凌事件情節嚴重者，學校應即請求檢警、社會福利政府機關協助，並依少年事件處理法、兒童及少年福利與權益保障法、社會秩序維護法等相關規定處理。（校園霸凌防制準則第一九、二〇條）

對於學校的調查及處理結果不服，該怎麼做？

可以在二十日內，向學校申復；申復後，由防制校園霸凌因應小組於三十日內做成附理由之決定，以書面通知申復人申復結果。但是申復結果仍然不服呢？可以提起訴願或行政訴訟救濟。

但事實上，**如果已經對學校的調查處理機制失去信心，如果證據充足，也是可以自**

行循刑事或民事程序處理：

・刑法上相關刑責：

1. 如受毆打致傷，或甩耳光致耳聾，可能構成傷害罪或重傷害罪（刑法第二七七、二七八條）。
2. 如將同學關進教室、廁所、儲藏室，不讓其離開，可能構成剝奪行動自由罪（刑法第三〇二條）。
3. 如恐嚇或強迫同學罰站、進行侮辱性動作等，可能構成強制罪（刑法第三〇四條）。
4. 如威脅同學，還放學找人圍毆，可能構成恐嚇致生危害安全罪（刑法第三〇五條）。
5. 當眾或在不特定多數人得共見之網路上以粗鄙言語辱罵他人，可能構成侮辱罪（刑法第三〇九條）。
6. 如爲孤立同學，四處謊稱同學偷東西，可能構成毀謗罪（刑法第三一〇條）。

・而霸凌者，首先會依少年事件處理法移送少年法庭處理，因爲我國少年事件處理法規定，七歲以上未滿十二歲之人，觸犯刑罰法律者，得處以保護處分；十二歲以上十八歲未滿之人，得視案件性質依規定課予刑責或保護處分。

・在民事求償上，如能證明造成財產損害或是因身體、健康、名譽、隱私等人格法益受侵害，而情節嚴重，也可請求精神上損害賠償（民法第一八四條、一九五條）。

・未滿二十歲前，行爲人的法定代理人（行爲人的父母）也需要負損害賠償責任（民法第一八七條）。

職場騷擾

”

你是否在工作環境的時間比在家裡長，
與同事相處的時間比家人還要多，
因此，職場上的人際關係對大多數人來說，
便顯得格外重要。
面對不舒服的工作環境，你是否準備好成熟的心
態與正確的應對方法，讓職場霸凌騷擾？

“

小玲是新進職員，當她向長官報告與交往已久的男友準備結婚，而且年底即將請婚假去度蜜月後，組長就時常對她的工作成果百般挑剔，但明明之前都沒問題的。她還發現，組長與同組的夥伴好幾次外出聚餐，卻沒有通知自己，而且回來還會故意在她面前，討論剛剛聚餐時未聊完的話題。

度完蜜月後，小玲發現自己懷孕了，肚子也一天天隆起。但擔心組長不滿意工作進度的小玲，還是留下來加班。

好幾次，隔壁同事在只有她們兩人時，故意用力關門，或轉動辦公椅等，製造巨大聲響嚇她。然而，向同事反應：「不要這樣，因爲懷孕，比較怕巨大的聲響。」同事卻說：「太沒有幽默感了吧？這樣就會被嚇到喔？」

權力濫用與精神上操弄

說到職場騷擾，是指以積極或消極方式製造出連續性冒犯、威脅、冷落、孤立或侮辱等言語、表情、姿勢或文字的霸凌行為，因而侵犯到對方的人格、尊嚴或身心，甚至破壞了對方任職的職場氛圍。

構成職場上騷擾或心理虐待，通常包括兩個要素：一是權力的濫用，二是精神上的操弄。在我們正式說明職場騷擾之前，先分享阿德勒心理學派的心法：

- 在職場中的上司與資深員工心態上，應該要有認知：先投入職場的人具備相關知識和經驗，肩負的責任與年輕職員截然不同，因此，**部下的經驗與能力不可能等同於上司，上司或資深員工不應該用相同的標準要求下屬及新進職員。**
- 上司必須好好培育年輕世代，當年輕人因爲經驗和知識不足而犯下錯誤，只要指出他們的缺失，但沒有必要情緒化地斥責。**我們根本不必害怕年輕人比自己更優秀，反而應該要為部下能夠超越自己而感到高興。**以這樣的方式對待新進職員，能讓年輕人剛進公司時成功建立自信，進而對公司有所貢獻，並願意竭盡所能做好自己的工作。
- 先別草木皆兵，首先應該要確認是否眞爲霸凌？我們時常覺得好像有人在背後談論自己，但有可能只是自己的單方面臆測而已，**事實上，別人並沒有常常議**

論你，他們遠比你以為的還不在乎你。別人在議論你，一定是說你的不好嗎？也有可能是在說你的好話。

- **會懷疑別人是不是都在非議自己的人，其實都很渴望與他人結交。**當自己無法面對人際關係的疲乏，就會用駑鈍、內向或悲觀之類的說詞給自己當作藉口。
- 職場上爲何有人會發脾氣？**這些憤怒的人，其實是想利用怒氣驅使他人迎合自己的期望**，他的情緒是帶有目的性的，用意是引起身邊的人注意與支援。有時候，不回應他人的「態度」或「情緒」也很重要，也就是**學會對身邊的人說：「有事情需要幫忙的話，就要好好說出來喔。」**
- 如果常常順應著**別人的臉色或脾氣做事，或揣測上意，只是養壞對方的胃口，**長久下來，對方會認爲，即使自己什麼也不說，你也會看他/她的臉色行事。
- 遇到自己做不到的事，只要大方坦承自己力有未逮，是一種自知、自立的表現。有些事情雖然可以自行完成，但在某些時候若能接受大家的協助，倒也無傷大雅。

- 在職場上也是一樣，如果對上司指示的工作內容有疑慮，部下能夠直接提出質疑，雙方才能進步。

職場中霸凌者的目標是誰？

通常被害者並非特別懦弱或心理不健全，往往只是因爲他們不願意服從上司或公司資深員工權威式命令。又或是，被害都具有別人不具備的優勢，例如：年輕、美貌、財富或魅力，特別容易遭到排擠。

有些案例，是因爲工作能力太突出，引來同事或主管的妒意，因爲通常會先貶低被害者，但是這些人並非不認眞工作，反倒是工作狂，或是對工作比較要求的完美主義者，這類型的被害者通常不知道自己到底做錯什麼，容易落入遭遇職場騷擾的陷阱或惡性循環之中。

當然也有因爲員工福利或性別而產生的職場騷擾，例如：女性員工一宣布懷孕，就開始受到上司的騷擾或刁難，也有因爲產假、婚假、較長休假，而遭到霸凌的個案，這往往來自於上司對於無法恣意支使員工的不平衡心態，而出現的預先反應。

職場騷擾的樣態與過程

職場上的霸凌或騷擾行爲都是從小動作或是不需言語的姿態、聲響開始，然後開始沒來由的伴隨**各種汙名化，進而尋求職場上其他成員的確認，並且把過錯推給受害者的性格**，例如：這個人欠缺幽默感、抗壓性，沒有耐性、不合群等等。接著，否定工作成果或工作能力。久而久之，受害者因爲遭受各方責難，工作效率開始低落，無法集中注意力，最後，受不了閒言閒語的壓力，雇主就有理由以不適任或欠缺專業能力，使受害者離職。

受害者如何失去對抗能力？

多數的受害員工並非擔心失業，才會在受欺凌的循環中忍氣吞聲，而是因爲**苦無蒐證方法及欠缺具體證據，才造成無法對抗的情況**。

有些施虐的主管會藉由剝奪員工對於關鍵問題的判斷力，讓員工分不出誰是誰非，並且將員工隔絕在對他有幫助的資訊之外，越想弄清楚狀況，卻越來越迷惘，不知問題何在。

另外，**非言語的肢體語言或聲響，常造成受害者無從反駁或舉證**。例如：惱怒的嘆息聳肩、蔑視的表情、欲言又止，或在被害人聽得到的距離與他人共同竊笑等等，故意讓被害人懷疑自己是否反應過度，因而慢慢失去自信心。

製造出孤立的情境，讓被害人覺得受到忽略，這根本是對被害人的長期冷暴力，例如：不打招呼、錯肩而過的視若無睹、故意趁對方離開位置時，將寫著工作交代的紙條放在桌上，完全不直接告知該做的事情。這種長期的孤立會很快讓被害人的信心崩盤。

阿德勒心法有助於我們面對職場騷擾

面對陰晴不定的上司

1. 無法控制情緒的人，往往是因爲內心不夠成熟，他們擔憂自己無法獲得別人的認可，便藉由情感和攻擊性的言詞，**掩飾自己在工作上的缺乏自信，其實是一種過度的自我防衛**。
2. **時常失去理智吼叫的人**，這是他們從小認爲只要火冒三丈、威嚇周遭大人，就能達到想要的效果，**是一種情緒的勒索**。
3. 有些上司，他們不明白職責的不同並不等於身分的優劣，成爲主管以後，伴隨的責任會增加，但升遷不代表地位有變得比較崇高。
4. 面對失去理智、無理取鬧的上司，**不要在意他的情緒表現，只要注意他實際「交代了什麼內容」就好。**
5. 職場人際關係的重點在於工作的執行，我們只需要注重談話本身的內容，**無須過度在意對方的情緒表達。**
6. 你不需要爲了職場上那些不理智的人而感到痛苦，可以的話，最好先將自己的痛苦擺到一邊，只專注於工作本身。

7. 專注的焦點只限於工作，而非人格上的譴責。我們必須具備這種認知去聆聽上司的評點，**一旦有任何不合理的地方，就可以直接提出反駁的意見**。

8. 不管上司怎麼濫用權威、利用情緒操控下屬，你也別想試圖改變他。就像天有陰晴風雨，我們無從對抗，但可以決定出門撐傘，或根本不外出、躲在家裡避雨。**別人是很難改變的，可以改變的只有我們「撐傘」的應變技巧**。

苦惱於壞心眼的同事

1. 首先，我們要認清**不論身處在哪一種職場，都不可能與所有人和諧共處**。

2. 專注在工作本身，別在意是「誰」在說話，只要注意對方說了「什麼內容」就好。父母、上司、同事都會有搞不清狀況而做錯事的時候。

3. 儘管會冒犯對方，**我們也需要有勇氣堅持自己認為的正義**。如果因爲害怕得罪上司、害怕反抗多數人而不敢挺身指出錯誤的話，最後苦惱的就會是你自己，受傷的就會是你所珍惜的團體。別讓你喜愛的工作到頭來落得一場空。

職場騷擾往往是不留文字、不留痕跡的，因此，想要透過法律獲得即時的制止及賠償，最重要的是蒐集證據。

面對霸凌與騷擾，應即時蒐證

當受害者面臨職場霸凌時，應該預期在某些狀況下有可能再度遭受霸凌時，**請準備好錄影錄音裝置，隨時錄下霸凌的情況。**

再來，對於霸凌內容、時間可以詳加記錄；若於工作上被刻意刁難，或被指派不合理的任務時，**都應該留下工作紀錄以及指派的項目，做為事後的對證。**

該如何針對職場霸凌做處理？

首先，從法律條文來看，霸凌的防範已是雇主在勞動契約中應該負起的責任。

第一、在民法僱傭契約中，雇用人具有防範義務，依照民法第四八三條之一規定，「生命、身體、健康有危害之虞者，雇用人應按其情形爲必要之預防。」

第二、在職業安全衛生法第六條第二項第三款規定：「雇主對下列事項，應妥爲規劃及採取必要之安全衛生措施：執行職務因他人行爲遭受身體或精神不法侵害之預防。」

第三、雇主可以開除霸凌者。依勞動基準法第一二條第一項規定，若發生「對於雇主、雇主家屬、雇主代理人或其他工作之勞工，實施暴行或有重大侮辱之行爲者」或是「違反勞動契約或工作規則，情節重大者」。雇主得不經預告終止勞動契約。

受害者可以主張求償及資遣費等權利

首先，從法律條文來看，霸凌的防範已是雇主在勞動契約中應該負起的責任。

第一、勞工可以不經預告終止勞動契約，據勞動基準法第一四條，員工離職的六款情形中，其中三款都適用於職場霸凌的狀況。

1. 如雇主、雇主家屬或代理人對勞工實施暴行或有重大侮辱之行爲。

2. 工作對勞工健康有危害之虞，經通知雇主改善而無效果者。

3. 雇主違反勞動法令或勞動契約，損害勞工權益者。

第二、勞工可以請求資遣費：

依照勞基法第一四條辭職的勞工即便辭職，也可以請求資遣費。

第三、精神求償：

依照民法第二二七條之一準用第一九五條，若雇主違反前述民法第四八三條之一及職業安全衛生法的規定，可向雇主請求精神上的損害賠償。

第四、如果職場霸凌狀況嚴重，導致罹患精神疾病，也可被認爲是職業病，可以請求勞保給付。

恐怖情人

”

高材生特別容易成為恐怖情人？
我們的國、高中教育
給予足夠的情感教育了嗎？
是什麼原因
讓自己一再愛上不愛自己的人？

“

記者【台北報導】：之前有著「T大宅王」封號的○○○砍殺女友三十幾刀奪命的消息，令人怵目驚心。近日，T大又被爆出有一高材生○同學，不僅性侵女友，並且軟禁施暴，甚至還威脅女方若是不從便要殺害她；而○同學的前女友也出來控訴，之前交往時，○同學除了對她手機定位追蹤、按照課表堵人，還架鏡頭偷拍性愛照、強迫發生性關係，雖然已經聲請保護令，但前男友還是會在網路平台上利用假帳號，持續威脅她要公布與她的不雅照片，就像不定時炸彈一般，使得她受到嚴重的心理傷害，恐怖陰影難以抹去。

教育過程中的情感教育

這幾年社會新聞上常有以「高材生」做爲醒目標題，但內容盡是因感情問題苦苦糾纏對方，導致類似潑酸、威脅公布交往細節，或施加精神、肢體暴力的「恐怖情人」憾事。

難道無法處理好感情問題的狀況較常發生在「高材生」身上嗎？我是持懷疑的態

度。仔細想想，這應該與教育程度無關，恐怕這只是媒體想要用「高材生」關鍵字去吸引觀者的眼球罷了，多賺取點閱率，導致抽樣樣本不平均而產生的刻板印象。

只是，綜觀我們一路以來的教育之路，坦白說，在情感教育上的確極為欠缺。

何時能讓孩子負起談感情的責任？

我們的國中、高中是否有足夠的心輔課程，能夠讓孩子提早認知：談感情時，該如何開始？如何結束？何時能夠負起這段關係的責任？有哪些學校、哪些課程，眞的有教我們該如何尋找適合的感情對象？如何表達好感？遭到拒絕了該怎麼辦？升上大學後，是否有足夠的情商通識學分，讓我們知道感情路上何時該「加緊馬力努力去追」？何時該「提早鳴金收兵」？當面對心儀異性、同性對象時，我們該如何理解他們內心的想法。

在台灣的求學環境中，上述的情感教育相當缺乏，因為家長往往重視孩子的學科表現及升學結果，認為國、高中的年紀還小，不該關心這類情感問題，殊不知孩子們早就「偷偷實踐」了，而且學校也未必重視這一塊。

—

紹源是個高二男孩，他鼓起勇氣對心儀已久的隔壁班女孩曉涵告白，但曉涵的反應卻讓紹源大爲吃驚。

因爲與女孩是同個社團，紹源多次找曉涵攀談；在走廊上也多次與曉涵擦肩而過、點頭微笑，應該足以讓曉涵對他有深刻的印象。沒想到曉涵在紹源告白後，對他表示：「抱歉，你叫紹……源嗎？其實，我對你沒有什麼印象耶，你這樣說好突然喔……我不知道耶……」接著，一陣尷尬後，曉涵就以要跟其他同學用餐爲由，火速離開現場，留下失落的紹源，愣在現場。

告白之後，紹源告訴自己，這不過是這學年第三個表白的對象，至少沒有聽到斬釘截鐵的拒絕，那就是好事，自己應該還有希望。

於是，他開始不斷徘徊在曉涵的教室外，希望盼到與曉涵的眼神交流，還準備了自己親手寫詩的卡片，想要傳達給曉涵。後來，他這些行徑在高二傳得人盡皆知，曉涵時常看到紹源在窗外徘徊，深感困擾，即使是下課也不敢踏出教室一步。

終於，學期接近尾聲，期末考快到了，曉涵爲了複習功課，留在學校自習，幾乎是最後一、兩個走出教室的人。某日，在牽著腳踏車走出校門後，曉涵覺得後面好像有台腳踏車跟著她，於是越騎越快，在彎進家門口前的一個巷子前，藉著便利商店的燈光跟窗戶投影，曉涵發現原來是那個男生——紹源，騎著車跟在她後面，她終於忍不住停下車瞪著紹源。

紹源笑著說：「原來，妳住在這附近啊，我想妳唸了那麼晚的書，只是想跟妳說一句話，期末考加油！」曉涵看著滿臉笑意的紹源，卻有點想哭，她對著紹源大吼：「你到底要幹嘛？這樣很可怕，我們連朋友都不是，請你可以停止跟著我嗎？」

無法從自己的心情中抽離

我們偶爾會發現身邊有些朋友，從學生時代就常常深陷苦戀、單戀的情境中，對於心上人有一種執著的渴望，然後就發展成「尾隨」、「跟蹤」或「堵人」等行爲。

如果深入瞭解這些人，會發現他們好像完全不明白自己的舉動已造成他人的惡感，可能還傻傻的等待製造好印象的時間。在他們的腦海裡，好像有個自行運行的世界，宛如活在平行時空，絲毫沒有發現自己傳達的情感完全被對方漏接，也無法從中抽離回到現實。

日本知名阿德勒心理學會認可諮商師岸見一郎認爲：

「這個世界上有兩件事無法勉強。一個是尊敬，另一個是愛。我們**永遠無法強迫對方尊敬我們、喜愛我們**。」

「如果你是眞心喜歡對方，即使他移情別戀，你能做的也就只有努力改善你和他之間的關係，而**選擇權依舊掌握在對方的手上**。」

「沒有自信好好經營愛情關係的人，很容易產生這種想法。**你不願意承認問題出在自己愛人的方式，才會下意識地喜歡上容易讓自己失戀的人**。」

（摘錄自《重新相處的勇氣》岸見一郎著，阿德勒心理學派）

這樣的觀點是不是有點一針見血且太犀利？

深陷單相思的人常會出現這種尾隨、跟蹤，甚至「堵人」的行爲，其實，反映的是一種與事實的脫節、對於客觀認識的欠缺。他們一直以爲感情跟學業成績類似，「只要努力就能有收穫，有收穫最後就能成功」。但現實狀況並非如此，在愛情的配對過程中，其實自己能掌握的頂多只有百分之五十，另一半則是掌握在對方手中，也就是說：「感情是否能配對成功，決定權其實在對方心中，而不在自己手中。」

說穿了，**感情跟學業、工作一點都不像。在感情的路上，並沒有「一分耕耘一分收穫」這種事，滴水不一定能穿石。**

怎麼讓別人對自己產生好感？

在愛情中，**一再鍥而不捨遭到拒絕，卻一再重複一樣的追求模式，不僅是沒有發現自己根本沒有改變成為一個讓人喜歡的人，**其內心反映的是，自己甘願落入一個自怨自艾的牢籠之中，好給自己一個否定自我的藉口。

我曾看過一個說法，這世上九〇%的告白，都是失敗的。而**大部分有結果的愛情，都是萌發自不經意處**，當時機恰當、水到渠成時，表白時多半已跟對方心意相通，有時更是無心插柳柳成蔭。有人的感情觀是：不打沒把握的仗，只有嗅出對方也有好感，才會出手勢在必得。甚至，很多人回想起相戀的時刻，往往是不需要刻意告白，「自然就在一起了」。

那麼，要怎麼讓別人也對自己「產生好感」？當然，你絕對不能當一個連自己都不欣賞的人，當自己都不喜歡自己，那別人又怎麼會喜歡你？一個人被欣賞，除了外貌取決天生外，善加打理多少能加點分，而內在的鍛鍊與氣質的培養，更是感情能長久維持的關鍵。

讓別人愛上自己之前，應該先對自己多一點自信，不要太在意別人的評價，真正的評價在於自己心中，而不在別人口中。

享受幸福感情的捷徑

這世界上沒有完美的人，每個人都有缺陷，也沒有一個對象是完美無瑕，才值得你去愛的，我們無需將擇偶標準設得太高，眾裡尋他千百度，驀然回首，那人卻在燈火闌珊處，往往最常和自己相處，一直在你身邊的人，也才是最看得到你的優點的人。

喜歡上一個可能喜歡上你的人，比喜歡上一個不可能喜歡上你的人，要實際多了，也比較接近享受幸福的感情與人生。

先讓自己成為接受愛的人

身爲大人的我們，應該要盡量幫助對感情仍然懵懵懂懂的年輕人，多加開一些討論情感的課程，或是廣設親和的心理輔導管道，讓大家早日領會談感情的奧妙，也不羞於求助。

而以往在學校裡沒有修過情感教育學分的我們，現在或許還來得及補修，最重要的是，先讓自己成爲那個接受愛的人吧！

在台灣，爲因應普遍不具同居關係的恐怖情人的問題，「家庭暴力防治法」在二〇一六年施行新增之「恐怖情人條款」，也就是第六三條之一，讓年滿十六歲以上的被害人，如遭到「現有或曾有親密關係」的伴侶（不限同性或異性），遭受到肢體、精神上暴力、騷擾、跟蹤或控制行爲，都可以聲請保護令。（悅知文化出版《家事法官沒告訴你的事》一書中之〈控制——他跟蹤我，我要對他申請保護令〉便有就此規定之內容及舉證要點詳細介紹。）

如何向法院證明「曾有親密關係」？

但有許多跟蹤、騷擾被害人的人，跟被害人其實根本不曾有過任何「親密關係」，即便法官採取最寬鬆的標準，可能連社群網站都無聯繫紀錄，這樣如何向法院證明「曾有親密關係」？因此，遭受到不當跟騷行爲的被害人，很可能在聲請保護令之路遭遇挫折。

另一方面，跟蹤、騷擾行爲，依照傳統的「社會秩序維護法」行政罰根本不足以支應，因爲不僅該法的罰鍰很低，且無法預先禁制未來的重複再犯行爲。而至於刑事責任或民事侵權行爲，都需要提出訴訟，等到眞正處罰的判決出爐或賠償落實的時候，都已經爲時已晚，被害人早已深受其擾多時。

公權力適時介入，以完整防護被害人

因此民間一直呼籲應該追隨美國加州開始的先進國家立法例，推動反跟蹤騷擾行爲的專法。從而，台灣也在二〇一八年四月由行政院通過「糾纏行爲防制法」的草案，賦予警察調查並處罰糾纏行爲、賦予法院核發防制令的權力。

而草案中明定：

一、警方對糾纏行爲的現行犯，可以即時制止。

二、非現行犯，於調查後若認定有糾纏行爲（如：監視、跟蹤、盯梢、守候、尾隨、撥打無聲電話、拒接後仍撥打、要求約會、聯絡、寄送文字圖畫影像、告知或出示有害個人名譽的訊息、濫用個人資料未經同意代訂貨品服務等等），可核發警告命令或處以罰鍰；不服者則經由行政訴訟救濟。

三、若二年內再犯，被害人可向法院聲請防制令，行爲人違反防制令，最高處三年徒刑、拘役或科或併科三十萬元罰金。

而草案的立法理由，誠値肯定：

「爲有效事先防範及事後處罰糾纏行爲，以防止其危害他人身心安全、行動自由、生活私密領域或資訊隱私，並使公權力適時介入以完整防護被害人之自由及安全。」

「跟蹤、騷擾等侵擾行爲之成因及態樣甚爲複雜多樣，後續亦可能引發其他犯罪行爲。行為人常透過反覆或持續性之糾纏行為，影響或侵擾被害人之生活、工作及其他社會活動場域，例如，以通訊騷擾、跟隨、送禮物等方式瘋狂追求特定人，該人如不屈從，行為人甚至會以更強烈方式破壞該人或與其有一定關係之人之財產或使用各種型式暴力傷害渠等身心安全。」

「日本政府有感於該種行爲之嚴重性及惡質性，於西元二〇〇〇年五月二十四日通過「糾纏騷擾行爲規制法」（日文爲「ストーカー行為等の規制等に関する法律」），期能在初期即有效防制該等糾纏行爲，避免後續發展爲殺傷被害人等重大犯罪行爲。」

「在我國糾纏被害人安全之糾纏行爲亦成爲嚴重社會問題。社會上已發生對被害人執拗地反覆或持續進行惡質糾纏或撥打無聲電話等令人嫌惡之侵擾行為，並衍生成全國皆知之殘暴殺人事件，社會大眾普遍期待政府能儘速立法規範，以行政防制及司法嚴罰該等糾纏侵擾行爲。鑑於糾纏行爲發生初期，如能及時採取防制措施，較能防止或避免後續衍生犯罪，以提前周全保護被害人。」

然而，「糾纏行爲防制法」在二〇一九年四月底朝野協商時，內政部警政署以「若立法通過，案件量大恐排擠治安維護工作」爲由，懇請暫不推動，最終決議由內政部重新檢討，所以最後並未能完成立法工作，當時曾引發民間團體與部分立委痛斥，實甚爲遺憾。

被殺了三次的女孩?!

從立法未能通過的理由爲警政署認爲案件量可能排擠治安維護工作一節可以知道，其實此類跟騷行爲的處理，在警方視角是屬於比較邊際或是處理次序較後的事件，而警方往往也會對於年輕男女之間的感情糾紛，認爲「不宜過度介入插手」。但此法的重點在於防患於未然，不論是否制定「糾纏行爲防制法」，任何可能發展成重大事件的跡象，都應該即時處理，以防止悲劇發生。

日本的警察就曾因對一位女子曾經因遭恐嚇跟騷的求救卻置若罔聞，最後女子遭到恐怖情人殺害，其報案遭到忽視的眞相卻是由一名週刊記者披露，稱爲「桶川事件」，這位記者還寫成一本報導文學《被殺了三次的女孩》，引來各界對警方的撻伐，台灣的警方也應當引以爲戒。

回歸本文出發點，問題的根源還是應該更加確實幫助年輕孩子們，接受情感教育，提醒一段感情的發生，決定權其實不在自己手中，如何抱持開放的心胸去遇見不同的人，在彼此尊重的前提下，展現自己自信的一面，將來總是有機會遇到良好關係，也才能提早避免憾事的發生。

大人的性平教育

”

過去，許多同性傾向的朋友選擇隱身在暗櫃中，
為了迎合社會、家庭的期望，
有人遁入了異性關係，造成了遺憾。
如今，法律賦予了我們平等踏入婚姻的權利，
我們應邁入進步社會的下一階段——尊重彼此，
和諧相處，愛所當愛。

“

小翊還記得小時候，爸爸因常在外地出差，每次都會從國外帶回許多男孩愛的機器人、賽車等玩具，可是小翊沒玩幾下，就扔到一旁了。

爸爸問他到底想要什麼玩具，小翊充滿期盼地跟爸爸說：「我想要跟姐姐一樣的廚房組合。」

媽媽是個愛做菜的家庭主婦，她喜歡邊在廚房忙時，開著收音機聽些六、七〇年代的老歌，小翊聽過一遍就記得，然後在洗澡時一字不差地唱出來。

對變形金剛、機器戰隊那些打打殺殺的動畫沒什麼興趣，倒是媽媽偶爾休息時看的烹飪或時尚節目，小翊總是看得目不轉睛。

上了小學後，小翊下課總喜歡跟幾個女生同學們在黑板上畫些花花草草、女孩與玩偶。而那些男生愛玩的跑步比賽、鬼抓人，他則是避之唯恐不及。

升上國中以後，班上男同學發現小翊總是跟女生玩在一起，因此常被同學嘲笑是「娘砲」、「沒ＧＧ」。一旦被笑，小翊總是落荒而逃。

—

有一天的下課時間，小翊要去廁所，一走進男廁，就看到平日嘲笑他的幾個男同學也在廁所，正想掉頭就走時，卻被那群人團團圍住，其中有人伸手觸向小翊的雙腿之間，說要「驗明正身」「問小翊到底是不是男的」。接著，不顧小翊的掙扎扭動，強行脫下他的外褲，差點扯下內褲，一群男孩笑得東倒西歪，小翊趁亂趕緊穿上褲子，衝回教室座位，嚇得全身發抖，直到下午回家前還不敢告訴老師，怕全班同學知道又會嘲笑他一番。

小翊只敢回家告訴媽媽，媽媽聽了氣憤不已，於是致電老師，要求老師要對那些霸凌小翊的同學們有所懲處。老師的確做了處置，在小翊勉強說出幾位參與同學的名字後，老師一一質問，有些同學承認了，有些同學則矢口否認，但老師逐一要求每個同學向小翊道歉，並且不可以再有相同的行爲。

小翊之後每次到男廁，迎接他的仍然是那些不懷好意的眼神，還有一些拐彎抹角的嘲諷，小翊有一陣子甚至緊張到無法順利如廁。後來小翊想到一個安心如廁的方法：他總是在下課前幾分鐘舉手向老師報告後，趕忙衝去廁所，就可以避免被同學在廁所堵到。

然而，血色的那一天還是到來。

—

某天美術課下課前五分鐘，小翊照常舉手，向老師表明想上廁所，但是，專心的美術老師遲遲沒有看到小翊高舉的右手。終於在下課前兩分鐘，小翊才獲得老師的准許，衝出去上廁所。但是，他這次走出教室，直到下一堂課鐘聲響起，卻還沒回到教室座位，老師們著急的在各層樓廁所尋找，最後發現小翊倒臥在廁所裡，頭部重創、血流滿地。

原來這天距離教室最近的那間廁所，因爲修繕工程關閉，小翊只好跑到隔壁棟教室的廁所，但那間廁所的水箱失修，不斷漏水造成地面溼滑，小翊因爲擔心下課鐘響，被平常笑他的同學堵到，也怕來不及趕回教室，於是心急地想儘速衝回教室，就在走下台階時踩到溼滑的地面，腳底一個打滑，重心失衡，造成後腦撞擊地面，又沒人即時發現，導致失血過多而死……

二〇一八年十一月二十四日，是台灣人權發展史上很重要的一天，不只是我國九合一縣市長大選，當天還進行了十項公投，其中攸關同婚人權及性別平等議題的四案，格外引人注目，也有不少民間團體各自宣揚或捍衛其理念；甚至有人事後評論，同婚與性平教育公投催出來的氛圍與結果，是當時執政黨大敗的關鍵。

其中，下一代幸福聯盟提案的公投第十一案「你是否同意在國中及國小，教育部及各級學校不應對學生實施性別平等教育法施行細則所定之同志教育？」獲得了七〇八萬之同意票相當於投票數一一〇一萬票之六四・三%，不同意的票數則爲三四一萬票，比例爲三一・一%。另外，第一五案之「您是否同意，以性別平等教育法明定在國民教育各階段內實施性別平等教育，且內容應涵蓋情感教育、性教育、同志教育等課程？」，同意票則爲三五〇萬票（三二%），不同意票則高達六八〇萬票（六二・三%）。

從這樣的結果看來，有大多數具有投票權的成年人，對於在國中、國小階段對學童進行性別平等教育、性傾向教育有很大的擔憂。我們也看到下一代幸福聯盟廣對民眾推出之廣告宣傳品中寫道「認同性解放團體的公民老師，會加諸傷害孩子心靈的性知識，如自慰、口交、肛交，還有強調性活動的實作，讓腦部與意志力尚未發展成熟的學生對性上癮」「不適齡的性別教育，可能會導引學生進入同性結合關係」等錯誤的資訊，可是，這些都不是我們性平教育現場眞正的教學內容。

性傾向是人類生活經驗的自然形式

我國性別平等教育並非「鼓勵」學童進行性解放、性活動的實作，但這些錯誤資訊的提供者的觀念——所謂「性別傾向」能夠被「教導」或「轉變」，是正確的嗎？

美國精神醫學學會（American Psychiatric Association）和美國心理學會（American Psychological Association）從一九七〇年代開始，就清楚主張同性戀不是一種疾病。世界衛生組織（World Health Organization）也在一九九〇年代初，將同性戀從疾病分類中移除。

而在二〇〇八年，面對性傾向「扭轉治療」的爭議，美國心理學會和十多個相關組織，均一致主張：「**同性戀不是一個精神疾病，不需要也不能夠被『治療』。**」

美國心理學會在二〇〇八年也出版了一個小手冊《解答你的問題：深入理解性

傾向和同性戀》（Answers to Your Questions For a Better Understanding of Sexual Orientation and Homosexuality）指出：「**性傾向是人類生活經驗的自然形式**，而女同性戀、男同性戀和雙性戀關係都是人類關係的自然形式。」

不該合理化任何岐視性差異對待

相當多國家及國際醫學學會都已經認爲：「沒有可靠的證據表明性傾向是能夠改變的，**且醫療機構警告稱轉換療法是無效的，並可能帶來嚴重有害的後果**。」。而且這種「改變性傾向」的轉換療法，很多提倡者是基於把同性戀當作一種疾病的錯誤假設，這就是一種歧視。

最近，國外幾個知名的「性傾向矯正治療師」或「同性戀治療中心」的負責人，都公開出櫃表示自己是同性戀者，公開向所有被治療過的人道歉，並且坦承：「**性向轉換治療不僅是一個謊言，還非常有害，餘生都會對曾做過的治療感到愧疚**。」

從加拿大、法國、英國、日本、澳洲的相對比較先進國家（願意出櫃的比例也較高）的性傾向調查統計看來，總人口中可能有五至一〇%的比例是同性傾向；而當現代醫學專業組織學會都不再將同性戀視爲一種疾病，無論其形成原因在科學上能否斷言是天生與否，又有潛在如此多的人口可能是同性傾向族群，我們至少應該承認：同性戀是人類社會中自然出現的狀態，相對於異性戀不應該被視為較不正常。從而，我們也不該以同性戀的性向為理由，合理化任何歧視性差異對待。

玫瑰少年，你還是妳，都行

誰把誰的靈魂 裝進誰的身體？
誰把誰的身體 變成囹圄囚禁自己
亂世總是 最不缺耳語
哪種美麗 會喚來妒忌
你並沒有罪 有罪是這世界
生而為人無罪
你不需要抱歉
……

別讓誰去 改變了你
你是你 或是妳 都行
會有人 全心的 愛你

在當今對於性別平等與性傾向的認識與教育，社會呈現歧異意見的時候，二〇一八年的金曲獎選出這首由五月天阿信和Jolin蔡依林共同作詞的〈玫瑰少年〉做為年度歌曲，是一件具有重大意義的事。

尊重不同性傾向和性別特質

關於我國在小學、中學是否該實行同志情感或是性別傾向的認知教育，雖然公投結果大部分的人似乎不認同。

上述故事就是依二〇〇〇年發生在屏東高樹國中的葉永鋕同學的眞實故事所改編，他的不幸事件也因此推動了二〇〇〇年十月，教育部發起「新校園運動：反性別暴力」活動，**強調除了尊重傳統兩性外，也應尊重不同性傾向和性別特質，並破除刻板**

印象、消除暴力。而且在二〇〇〇年十二月十六日，教育部宣布「兩性平等教育委員會」更名為「性別平等教育委員會」，教育政策從兩性教育延伸轉化成為多元性別教育，後來並於二〇〇四年推動了性別平等教育法的制定，而性別平等教育法施行細則的第一三條也規定了：

「本法第一七條第二項所定性別平等教育相關課程，應涵蓋情感教育、性教育、認識及尊重不同性別、性別特徵、性別特質、性別認同、性傾向教育，及性侵害、性騷擾、性霸凌防治教育等課程，以提升學生之性別平等意識。」

第一四條也規定了：

「高級中等以下學校教材之編寫、審查及選用，應由有性別平等意識之教師參與；教材內容並應破除性別偏見及尊卑觀念，呈現性別平等及多元之價值。」

簡單地說，性別平等教育的宗旨，是希望透過學校教育，使學生認識不同的性別、性傾向以及多元的性別特質等等，並透過教育使學生認識自我、接納自我，進而學會尊重與自己不同的人。

國中、國小是否需要「同志教育」？

因爲有「葉永鋕」事件，還有許多因爲性傾向或性別氣質的學童遭受霸凌的事件，因此，在二〇〇四年立法機關已經明白制定「性別平等教育法」，**應該在高中以下的學校進行性別平等的教育**，照理說，我們的教育現場以及社會應該都已經正視到不同的性別傾向跟氣質，都是需要被尊重的，而且孩子們應該認識彼此差異並且包容，避免下一個悲劇的發生。

然而，何以到二〇一八年十一月二十四日公投議案中，會需要再次經由公投討論在國中、國小是否需要再進行「同志教育」？實在讓人有性別平等教育開倒車的錯亂之感。

從事件的脈絡來看，這無非是因爲司法院大法官會議在二〇一七年五月二十四日公布了釋字第七四八號解釋，表示民法未讓同性別二人成立有親密性和排他性之永久結合關係，違反憲法第七條平等權和第二二條保障人民婚姻自由，要求立法機關限期在二年內完成法律之修正或制定。也就是大法官對同性婚姻合法化之釋憲案，讓反對同性婚姻合法的團體如下一代幸福聯盟，想要透過公投案所代表的民意，對於七四八號解釋之後之立法過程有所「牽制」或影響。

破除各種性傾向的岐視及刻板印象

下一代幸福聯盟在公投第一一案的命題主文上用的文字是同志教育，而不是性別平等教育法施行細則第一三條所用的：「不同性別、性別特徵、性別特質、性別認同、性傾向教育」等文字，從中可以看出這是提案團體，有意誤導投票者的斧鑿痕跡，讓公投投票人以為命題中所謂「同志教育就是『鼓勵或引導』學生變成同性戀的教育，而非性別平等教育法原意中的「尊重與認識彼此傾向、特質差異」的教育。

再加上在投票所外，某些團體挾著豐沛財力所推出的大量廣告文宣，還有耗費鉅資成立的宣傳大隊在夜市、公園廣場不斷遊說，以及在新型態的媒體如LINE上的鋪天蓋地貼圖攻勢，精準的瞄準了多數台灣人重視「穩定家庭價值」、「孩子不能被教壞」的保守價值，在投票前夕淹沒了許多識讀得出「性別平等教育法」之立法原意在於「尊重以及包容」民眾的呼籲之聲，所以產生了這樣的公投結果。

而且關於教育現場所使用的教材，我們其實從許多在Facebook上現身說法的第一線輔導老師，已經知道現在國中、國小的教材中，並沒有所謂教學生群體肛交、口交、觸摸彼此身體，或甚至進行「性行為實作」的課程。

而且根據教育部對公投議案的回應，教育部也認爲：「提案理由認爲可能導引學生進入同性結合關係一點，除了是出於對同志教育目的之誤解外，同時隱含對同性性傾向者之歧視及刻板印象」。因此，如果要消除對同性性傾向者的歧視及刻板印象，就應該在國民教育階段，落實包括同志教育內含的性別平等教育。

幫孩子注射正確性平意識的「預防針」

葉永鋕的媽媽曾經在二〇一八年同婚公投前親筆寫信，內容寫道：

「有人說同志教育不可以太早教，但早點教同志教育才能讓學生認識世上不只有男女，還有第三種、更多元性別存在，大家才會知道同志沒有錯。不是同志的要去支持鼓勵同志，爭取他們的人權與生存空間。不要我們身邊明明就有同志，卻把他活活害死了。」

再一次看過葉永鋕的故事後會發現，永遠都是到了事件再次發生，我們才會認爲性平教育的不足。所以，到底什麼叫作「適合進行性平教育」的年齡？我認爲孩子在開始對身體的特徵不同有所意識，也知道性別傾向之不同，男生比較喜歡爭強鬥狠，喜歡機器人跟賽車，女生則比較喜歡柔性可愛的事物時，可能是四、五歲，或是六，七歲，就可以開始逐步進行性平意識的教育了。

而現今網路資訊如此易於取得，大人往往在看到孩子偶爾偷偷使用家中的電腦或iPad的瀏覽紀錄後，才驚覺孩子早就開始查詢那些我們不想他們那麼早知道的事情。相信我，開一下家裡的手機或iPad的瀏覽紀錄，你會嚇一跳。

那麼，我們是該等到他們自己網路上挖掘那些錯誤、扭曲、誇大的成人資訊，還是在他們還沒被汙染之前，就先幫孩子注射一劑正確性別知識、性別教育的「預防針」呢？

而公投結果後的教育現場，究竟刪除掉同性戀相關的教育以後，老師們要怎麼進行教學？如果同學有因爲性傾向、性別特質的不同而遭到霸凌，老師要如何跟孩子們告誡：這世界上因為有不該被視為疾病、不該被視為劣一等的性別傾向，而不可以對同學歧視或霸凌？如果沒有認識，孩子又該怎麼知道每個人都有不同的特色，沒有所謂正不正常，而應該予以尊重與包容呢？所以，這次的公投結果若導致性平教育教材對同志教育的篇章予以刪除，實可謂因噎廢食。

性平意識，大人的教育不能等

在二〇一九年十月份立法院因應公投結果舉辦關於性別平等教育法施行細則修訂之公聽會上，性別平等教育協會的監事蘇芊玲老師曾發言：

「反對在中小學教導同志教育的人，經常很愛端出自己的家長身分，認爲同志教育對小孩無益，擔心它會混淆小孩。

其實，**我也是個家長，甚至是個阿嬤，我很珍惜這個身分，在使用家長身分時，我非常謹慎、謙虛，很少拿它出來說理**，因爲我認爲一個人不會因爲當了家長，就什麼都懂都會，儼然眞理，身具無上權力，可以爲子女決定一切，特別在一些所謂新興議題上，譬如性別、族群、身心障礙，甚至環保、生態等等。

過去我們的成長過程和求學經驗並沒有太多機會學習這些，以至於現在的成年人普遍缺乏相關意識，需要重新好好學習，才能與時俱進。

性平教育最需針對的就是這樣的成年人，尤其是家長。」

很多大人常把「你是男生怎麼可以玩這個」掛在嘴邊，也認爲過去學校裡從來不教同性戀這些東西，社會就很穩定祥和；但如今在學校裡教導孩子這些「性別錯亂」的事情，就讓社會變得紛擾。但其實，性傾向並不會因爲這些忽視與誤解就不存在，反而，因爲不瞭解、不尊重，霸凌會持續在陰暗的角落裡發生。

大人不明白的是，社會開始對於現實承認以及討論對於少數人權利的維護，其實是一種進步；而反對的人，有時基於一種安全感，或是不願意花時間瞭解的怠惰，並不是因爲認識到問題的核心才反對；而缺乏相關知識，在看待社會進化的過程，才會感覺到憂心。

但是，當家長跟老師不具備性平意識時，孩子自然也會開始錯亂，因爲他們發現大人們「說一套做一套」的狀況，因此不信任那些被教導的道理，認爲可以不用當作一回事。

鼓勵孩子勇敢做自己

性傾向是人的身分和一種重要認同，身分或存在的本身是沒有是非對錯的，差異應被視爲多元而豐富，不應因此被歧視或剝奪權利；所以，爸媽們不應該考慮去扭轉或是隱藏孩子的性別特質，反而應該鼓勵他們勇敢表達自己眞正的想法。

誰說男生或女生就該是一定的樣子，〈不一樣又怎樣〉（Jolin蔡依林另一首有關性平意識的歌曲曲名），我們每個人的氣質中，都有陽剛或是陰柔的成分，只是或多或少不同而已。而保護孩子最好的方式，是讓整個環境對於各種性別氣質都友善起來，而不是強要小孩變成你眼中所謂「正常」的樣子。

學校裡目前也有針對老師安排數小時的性平課程，有助於老師們在學校幫助處理性別霸凌的狀況；另外，各級行政機關、司法機關的首長也應該加強性平教育，否則遇到性別歧視、霸凌事件，很難期待首長們爲公正、透明的處理。

尊重包容，愛所當愛

過去，因爲社會的歧視與家庭的不能接受，許多孩子從小就隱身在祕密的感情中，不敢從櫃中走出。如果我們從基本的教育著手，改變社會氛圍，開始眞正的友善及包容，那麼，或許有些人就不需要為了迎合其他人的期望，去扭曲自己眞正的感情傾向，遁入了異性的婚姻，以為那樣才是人生的正軌，結果卻造成了不契合的婚姻，就像電影《誰先愛上他的》所上演的三方都遺憾的結局。

而今日，我們國家的大法官帶著濟弱扶傾、提升人權的溫暖眼光，前瞻勇敢的引領整個社會往前走；而立法院中深具平權意識的立委們也在艱辛曲折的過程中，落實了婚姻平權的立法，讓台灣成為亞洲第一個同性婚姻法制化的國家，在人權歷史上留下了重要的篇章。

就在法律賦予了我們無論何種性傾向，都有平等踏入婚姻的權利的時刻，我們的社會也應該邁入國民素質眞正進步的下一階段——傾聽彼此，尊重包容，愛所當愛。性別平等意識理所當然的普及在教育的每一處，就是我們所有的人可以並肩往前走一步的基石。

關係破繭

走過愛情、親情、人際的關卡，綻放生命的新綠

作　　者 | 楊晴翔 Janssen Yang
人像攝影 | 蔡秉耕 Cookie Tsai
發 行 人 | 林隆奮 Frank Lin
社　　長 | 蘇國林 Green Su

出版團隊

總 編 輯 | 葉怡慧 Carol Yeh
企劃編輯 | 王俞惠 Cathy Wang
行銷企劃 | 鍾佳吟 Ashley Chung
裝幀設計 | 倪旻峰 Louis Ni
版面構成 | 譚思敏 Emma Tan

行銷統籌

業務處長 | 吳宗庭 Tim Wu
業務主任 | 蘇倍生 Benson Su
業務專員 | 鍾依娟 Irina Chung
業務秘書 | 陳曉琪 Angel Chen、莊皓雯 Gia Chuang
行銷主任 | 朱韻淑 Vina Ju

發行公司 | 悅知文化　精誠資訊股份有限公司
105台北市松山區復興北路99號12樓
訂購專線 | (02) 2719-8811
訂購傳真 | (02) 2719-7980
專屬網址 | http://www.delightpress.com.tw
悅知客服 | cs@delightpress.com.tw
ISBN：978-986-510-038-4

國家圖書館出版品預行編目資料

關係破繭 / 楊晴翔著 . -- 初版. -- 臺北市
: 精誠資訊, 2019.12
240面；14.8x21公分
ISBN 978-986-510-038-4(平裝)
1.家庭關係 2.家庭溝通 3.人際關係

544.1　　108018351

建議分類 | 心理勵志

建議售價 | 新台幣320元
初版一刷 | 2019年12月

廣　告　回　信
平 信 、 免 貼 郵 票
台灣北區郵政管理局登記證
台北廣字第1531號

SYSTEX making it happen 精誠資訊 | dp 悅知文化 Delight Press

精誠公司悅知文化　收

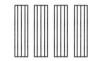

105 台北市復興北路99號12樓

（請沿此虛線對折寄回）

失去不代表失敗，唯有解開綑綁的羈絆，
才能走過生命中的每道關卡

dp 悅知文化 Delight Press

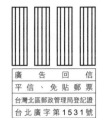

讀者回函

《關係破繭》

感謝您購買本書。為提供更好的服務，請撥冗回答下列問題，以做為我們日後改善的依據。
請將回函寄回台北市復興北路99號12樓（免貼郵票），悅知文化感謝您的支持與愛護！

姓名：________________ 性別：□男 □女 年齡：______ 歲

聯絡電話：(日)________________ (夜)________________

Email：________________

通訊地址：□□□-□□ ________________

學歷：□國中以下 □高中 □專科 □大學 □研究所 □研究所以上

職稱：□學生 □家管 □自由工作者 □一般職員 □中高階主管 □經營者 □其他 ________

平均每月購買幾本書：□4本以下 □4~10本 □10本~20本 □20本以上

- 您喜歡的閱讀類別？(可複選)

□文學小說 □心靈勵志 □行銷商管 □藝術設計 □生活風格 □旅遊 □食譜 □其他 ________

- 請問您如何獲得閱讀資訊？(可複選)

□悅知官網、社群、電子報 □書店文宣 □他人介紹 □團購管道

媒體：□網路 □報紙 □雜誌 □廣播 □電視 □其他 ________

- 請問您在何處購買本書？

實體書店：□誠品 □金石堂 □紀伊國屋 □其他 ________

網路書店：□博客來 □金石堂 □誠品 □PCHome □讀冊 □其他 ________

- 購買本書的主要原因是？(單選)

□工作或生活所需 □主題吸引 □親友推薦 □書封精美 □喜歡悅知 □喜歡作者 □行銷活動

□有折扣 ______ 折 □媒體推薦 ________

- 您覺得本書的品質及內容如何？

內容：□很好 □普通 □待加強 原因：________

印刷：□很好 □普通 □待加強 原因：________

價格：□偏高 □普通 □偏低 原因：________

- 請問您認識悅知文化嗎？(可複選)

□第一次接觸 □購買過悅知其他書籍 □已加入悅知網站會員www.delightpress.com.tw □有訂閱悅知電子報

- 請問您是否瀏覽過悅知文化網站？ □是 □否

- 您願意收到我們發送的電子報，以得到更多書訊及優惠嗎？ □願意 □不願意

- 請問您對本書的綜合建議：________

- 希望我們出版什麼類型的書：________